AF314831

MES MÉMOIRES

Dépôt légal
Brivade le 18 juin 1889
(Prouettet)

MES

MÉMOIRES

PAR

AMÉDÉE ST-FERRÉOL

DÉPUTÉ

ANCIEN REPRÉSENTANT

TOME III

BRIOUDE

IMPRIMERIE & LIBRAIRIE D. CHOUVET

Boulevard Desaix, 29

1888

MES MÉMOIRES

Quatrième Partie

L'EMPIRE

CHAPITRE Iᵉʳ

LE COUP D'ÉTAT

A la fin de novembre 1851, les jours de la République étaient comptés. La loi des questeurs ayant râté dans la main des royalistes, qui avaient voulu en faire leur arme de guerre contre les républicains et les bonapartistes, Louis-Napoléon, dont les pouvoirs présidentiels expiraient dans quelques jours, n'avait plus qu'à attendre l'occasion favorable pour jouer son va-tout. Croyant à son étoile et aux moyens d'actions dont il disposait, il ne doutait plus du succès.

Entouré de généraux achetés avec l'argent de la loterie du lingot d'or et celui qu'il prenait à la banque par un emprunt forcé, il préparait, au fond de l'Elysée, avec les Morny, les Persigny, les Maupas, ces conspirateurs perdus de dettes, affamés de pouvoirs et de richesses, sans foi ni loi, le nouveau 18 brumaire que, depuis le jour où il avait juré fidélité à la constitution en devenant président de la République, préméditait le fils de la reine Hortense, qui a toujours cherché à être le plagiaire de son oncle.

Tout le monde le prévoyait, comprenait que la tempête ne tarderait pas à éclater. Le coup d'Etat était dans l'air. Mais malgré quelques symptômes alarmants, comme l'entrée dans Paris, pendant les dernières nuits de novembre, de troupes nouvelles, qui, à notre réunion de *la Montagne*, nous avait été signalée par notre collègue Joly, personne ne croyait, le 1er décembre au soir, que le lendemain la France serait tombée sous le joug d'un Napoléon mâtiné de hollandais. Ceux qui étaient les plus méfiants ou se croyaient les plus clairvoyants, sachant combien l'influence que certaines dates fatidiques exerçaient sur celui que l'histoire, après Victor Hugo, appellera *Napoléon le Petit,* ajournaient au 10 décembre, jour anniversaire de son élévation à la présidence, l'explosion de la mine qu'on savait chargée jusqu'à la gueule pour faire sauter la République.

Le parti républicain se préparait activement à la résistance. C'est probablement pour empêcher cette résistance de s'organiser que le chef des conjurés fit son coup d'Etat dans la nuit du 2 décembre.

(1) Ce 2 décembre, à sept heures du matin, je fus réveillé en sursaut par mon collègue Racouchot, qui

(1) Extraits du livre les *Proscrits Français en Belgique.*

venait m'apprendre que le coup d'Etat était fait. Des affiches, placardées sur toutes les murailles, annonçaient la dissolution de l'assemblée, le renversement de la République. Des troupes sillonnaient les rues. La grande ville, en se réveillant, se trouvait en état de siège. Nous fûmes immédiatement chez Greppo, qui demeurait aux Champs-Elysées, pour nous concerter avec lui. On nous apprit qu'il avait été arrêté dans la nuit, ce qui nous fit prévoir que d'autres représentants avaient dû l'être aussi. Nous nous rendîmes aussitôt au Palais Bourbon, traversant, sans être inquiétés, les bataillons qui stationnaient sur la place de la Concorde. Les grilles du palais étaient fermées. Nous pûmes entrer par la petite porte de la rue de Bourgogne. Une cinquantaine de représentants, appartenant aux divers partis, résolus à résister au coup d'Etat, se groupèrent bientôt dans la salle des conférences. Parmi eux se trouvaient Maurice Teilhard et Paulin Durieux, du Cantal. Nous fûmes alors informés que les questeurs Baze et le général Le Flô avaient été enlevés pendant la nuit, par une bande de sbires. Il ne nous fut pas difficile de comprendre que le palais de l'Assemblée nationale ne tarderait pas à être envahi, violé, et nous attendîmes l'ennemi.

En attendant, chacun de nous envoya dans son département le mot d'ordre pour la résistance. Dans la crainte que ma lettre ne fût interceptée je l'adresssai non à mon frère mais à un de mes amis, qui la communiqua aux républicains de Brioude. J'y disais que « les représentants républicains allaient appeler le peuple aux armes et que partout il fallait que la République fût défendue. A chacun de faire son devoir. »

Prévenus que les soldats de l'usurpateur avaient pénétré dans l'enceinte du palais, nous prîmes place sur nos sièges dans la salle des séances, ceints de nos écharpes. M. Dupin, l'orléaniste, qui devait se rallier à l'empire avec éclat, avait été vainement sommé par nous de venir nous présider.

M. Monnet, de la gauche modérée, monta à la tribune et, en face des soldats, qui avaient la baïonnette au bout du fusil, mit hors la loi, au nom de la constitution, Louis-Napoléon et ses complices. Le soudard qui commandait la troupe, répondit qu'il n'avait qu'à obéir aux ordres de ses chefs, et nous fit arracher de nos bancs par ses hommes, refouler jusque dans la rue par la force. Nous sortîmes par diverses issues.

Ceux de nos collègues qui avaient été repoussés du côté de la place de Bourgogne, et de ce nombre étaient mon cousin Teilhard et Durieu, furent arrêtés par des agents de police et transférés au fort de Vincennes; les autres purent sortir librement par la porte grillée ouvrant sur le quai d'Orsay.

Nous remontâmes alors ce quai et rencontrâmes sur notre passage un régiment de cavalerie, le sabre en main, à la tête duquel se trouvait, entouré d'un nombreux état-major, le parjure qui, du fond de l'élysée, avait décrété l'assassinat de la République. Une bande de voyous courait en avant et à la suite du cortège criant : *vive la République!* pour tromper le véritable peuple sur le caractère de l'attentat qui était en train de s'accomplir. Nous laissâmes passer le César de nuit et sa fortune, et fûmes chez Crémieux nous renseigner sur les moyens à employer pour soulever Paris. Crémieux n'y était pas. On nous dit qu'un

grand nombre de représentants étaient à la mairie du
IVme arrondissement. Nous y courûmes.

Au moment où nous nous engagions dans la rue de
Grenelle St-Germain, nous vîmes défiler, entre deux
rangs de soldats, les représentants qui étaient allés
y protester contre la violation de la constitution, après
avoir été repoussés du palais Bourbon, lorsqu'ayant
à leur tête le comte Daru, un des vice-présidents de
l'assemblée, et Moulin, un des secrétaires, ils avaient
voulu y entrer en assez grand nombre. La grande majorité de ces représentants appartenait à la fraction
orléaniste, dont quelques-uns des chefs, Thiers, Roger
du Nord, avaient été compris dans la razzia de nuit,
où la police avait empoigné dans leur lit les généraux
Bedeau, Lamoricière, Cavaignac, le colonel Charras,
le capitaine Cholat, le lieutenant Valentin, Nadaud,
Miot, Greppo, Lagrange, Baune, Marc-Dufraisse et
quelques autres républicains, dont on redoutait l'influence, l'énergie. Vainement, le général Oudinot, le
chef de l'expédition qui, après l'égorgement de la
République romaine par la République française gou-
vernée par Louis-Napoléon et une majorité réactionnaire, s'était emparé de Rome rendue au pape, avait
rappelé aux troupes qui avaient envahi la mairie, leur
serment de fidélité à la constitution ; les représentants
présents et lui avaient été faits prisonniers et coffrés
à Vincennes ou à Mazas, où vinrent les rejoindre,
pour quelques jours, MM. Berryer, de Falloux, le duc
de Broglie, Duvergier de Hauranne, de Lasteyrie, de
Remusat (de la droite), Jules Grévy, Pascal Duprat,
Agricole Perdiguier, le général Leydet, le capitaine
Tamisier, Eugène Sue, et d'autres représentants de

la gauche, qui devaient presque tous être expulsés plus tard ou éloignés.

Nous n'avions plus qu'à trouver un lieu de réunion où les représentants de la gauche pussent prendre les mesures que nécessitaient les dangers de la République, sans être exposés tout d'abord à tomber dans les pattes de la police, qui avait des mandats d'arrêt contre nous tous. Ce fut chez Beslay que, dans le milieu du jour, nous retrouvâmes plusieurs de nos collègues libres comme nous. L'heure et le lieu n'étaient pas propices à une consultation de ce genre. Nous nous donnâmes rendez-vous dans la soirée, faubourg Saint-Antoine, au sein de l'association des ouvriers ébénistes.

Je rentrai chez moi, pris mon écharpe de représentant et fus avec Racouchot dans le faubourg Saint-Antoine, faubourg que nous devions croire être resté révolutionnaire comme aux grands jours de notre histoire. Nous prîmes Baudin chez lui et parcourûmes le faubourg pour chercher à prévoir, par les renseignements que devaient nous donner plusieurs de nos amis, entr'autres Pougheon, ébéniste, de Brioude, qui avait pris une part active aux journées de juin 1848, sur quelles forces nous pouvions compter dans ces quartiers de la démocratie avancée. Nous apprîmes avec tristesse qu'il ne fallait pas songer à engager la lutte dans cette partie de Paris ; que rien n'était prêt ; que la masse paraissait indifférente ou peu soucieuse de défendre une assemblée qui avait mutilé le suffrage universel.

L'association des ébénistes refusa de mettre à notre disposition, pour délibérer, une de ses salles, craignant de se compromettre. Elle renvoya tous les représentants qui y vinrent, comme nous, chez Lafon, notre collègue, place de la Bastille. Cette place était déjà occupée par la troupe, qui laissait cependant circuler les passants.

En entrant chez Lafon nous fûmes rejoints par Millière, l'ancien rédacteur d'un des journaux républicains de Clermont, qui était venu au Puy soutenir ma plainte contre Alphonse Monestier. Il avait reçu sur la tête un coup de gourdin d'un agent de police qui avait voulu l'empêcher de passer. Ce vaillant démocrate, le premier dont le sang ait coulé aux jours du coup d'Etat, devait être fusillé aux jours de la Commune, sur les marches du Panthéon, par les versaillais.

La Chambre de notre collègue était pleine. Démosthène Ollivier, le père du futur ministre de Louis-Napoléon, présidait la réunion, dans laquelle se trouvaient des représentants, des journalistes, des ouvriers. Des motions énergiques pour la résistance furent faites : mais on n'arrêta rien ; il fut convenu seulement qu'on irait le soir chez Cournet, où il y aurait une réunion plus générale.

En sortant, nous fûmes, Baudin, Racouchot et moi, manger un morceau dans un restaurant, près de la Bastille. A ce repas, fait à la hâte et que nos préoccupations rendaient peu gai, Racouchot fit cette réflexion : Nous dinons tous trois ici ce soir ; qui sait où nous souperons demain ? — Peut-être chez Pluton, répondit Baudin. S'il le faut pour sauver la République, nous nous ferons tuer sur les barricades. — Il y a des pressentiments étranges !

Un grand nombre de représentants de l'extrême-gauche se trouvaient chez Cournet, dont la maison, située dans une rue déserte, était à l'abri d'une surprise. La proclamation de l'appel aux armes y fut, au milieu de l'acclamation générale, dictée par Victor Hugo à Baudin, et l'on se donna rendez-vous pour le lendemain matin, à neuf heures, à la salle Roisin, dans le faubourg St-Antoine, où les représentants devaient donner le signal de l'insurrection du droit contre la force.

Il était plus de minuit quand on se sépara. Ne voulant pas aller coucher chez nous, autant parce que nous demeurions trop loin du faubourg St-Antoine que parce que nous courions risque d'être arrêtés à domicile, nous fûmes passer la nuit, Breymand, Chouvy, Millière et moi, dans un hôtel de la rue Montorgueil.

A huit heures du matin, nous gagnâmes, dans un fiacre, le faubourg St-Antoine. Nous dûmes traverser à pied les cordons de troupes qui empêchaient les voitures de circuler. Dès que nous fûmes dans la rue de Charenton, où nous rencontrâmes Laissac, ancien représentant de la Constituante, nous prîmes nos écharpes, en invitant à nous accompagner les rares ouvriers que nous apercevions groupés le long des portes à peine entrebâillées. La rue, si populeuse, de Charenton et les voisines étaient presque désertes ; il n'y avait pas un seul rassemblement.

Au moment où nous nous engagions dans l'une des rues aboutissant au marché Lenoir, un ouvrier vint nous dire qu'il était inutile d'aller plus loin ; la troupe occupait tout le quartier au milieu duquel était la salle

Roisin, après avoir enlevé une barricade défendue par des représentants du peuple.

Nous dûmes revenir sur nos pas, cherchant à provoquer, par des appels aux armes qui restaient sans écho, cette agitation, ce soulèvement qui, le lendemain seulement, devaient se produire au centre de Paris, mais malheureusement sans entraîner les masses, saignées à blanc par les journées de juin 1848 et ne pardonnant pas à la législative son attentat contre le suffrage universel.

Ce fut dans l'après-midi, chez Landrin, où s'étaient rendus un assez grand nombre de républicains, que nous apprîmes ce qui s'était passé à la barricade de la rue Sainte-Marguerite, par Francisque Maigne, que nous avions quitté en sortant de chez Cournet. Les représentants arrivés les premiers à la salle Roisin ayant été prévenus que la barricade élevée à l'entrée du faubourg St-Antoine allait être attaquée par la troupe, ne crurent pas devoir attendre leurs collègues, qui ne pouvaient être à la salle Roisin que demi-heure après, à neuf heures.

Schœlcher ayant dit : « Allons à la barricade, » les représentants présents, Baudin, de Flotte, Dulac, Francisque Maigne, Malardier, Brillier, Brukner, ceints de leurs écharpes, et avec eux Cournet, Amable Lemaître, Alphonse Brive, Xavier Durieux et Keller, rédacteurs de la *Révolution,* furent au-devant des soldats. En passant au milieu des curieux ou des indifférents qui les environnaient, ils entendirent des voix qui leur reprochèrent leurs 25 francs par jour. « Vous allez voir, leur cria Baudin, comment l'on va mourir pour 25 francs. » Quelques instants après, notre héroïque collègue, monté sur la barricade, la Constitution à la main, tombait assassiné par les balles napoléoniennes. Les autres représentants étaient refoulés à la baïonnette par les soldats, qui enlevèrent les barricades sans plus faire le coup de feu.

Ces sombres et sanglantes journées, qui virent se fonder dans le sang, à Paris, l'empire de malheur et de honte qui devait tomber dans le sang et la boue à Sedan, Victor Hugo, Schœlcher, Tenot, Xavier Durieux, Hippolyte Magin, en ont fait le récit dans des livres que tout le monde connaît. Je n'ai à parler que de ce qui me concerne plus spécialement, pour que mes concitoyens puissent savoir si j'ai alors fait ce que je devais, ce que je pouvais. Je n'ai pas, je l'avoue, défendu une barricade, les armes à la main; mais j'ai été partout où je pouvais, comme représentant, provoquer le peuple à la résistance. Dans les journées où l'insurrection prit des proportions qui effrayèrent un moment le bandit de l'Elysée, qui alors terrorisa Paris par ce que Victor Hugo a appelé le « massacre des passants; » lorsqu'il fallut que la troupe abattît à coups de canons les barricades formidables défendues par Cournet, par Barthélemy, par Denis Dussoubs, qui y fut tué, revêtu de l'écharpe de son frère cloué dans son lit par une maladie aigüe, je ne restai pas une minute dans l'appartement que j'occupais au manège de la rue Duphot, dans lequel était campé un escadron de lanciers. Je parcourus avec quelques-uns de mes collègues les boulevards, les rues Montorgueil, Montmartre, St-Denis, St-Martin, du Temple, que les républicains, bientôt dispersés par les brigades de la police, cherchaient à barricader en entassant des pavés et des voitures.

Pendant une de ces journées où les indifférents, les curieux, pouvaient être sabrés ou fusillés par la soldatesque avinée qui sillonnait les grandes artères de la capitale, nous faillîmes, Chaix et moi, être pris, à neuf heures du soir, entre deux barricades, dans une réunion où s'étaient rencontrés un assez grand nombre de républicains des faubourgs, venus sur les lieux, où l'on croyait qu'il y avait encore à continuer la lutte. Nous sortions par une porte quand la police entrait par l'autre.

Au contraire, à mon hôtel, où je rentrais la nuit pour coucher, je n'avais pas été inquiété un seul instant, passant à côté du manège rempli de cavaliers, qui ne songeaient qu'à boire les vins fins dont on les gorgeait en attendant qu'on leur donnât l'ordre d'égorger les citoyens, armés ou non, dont il fallait débarrasser la voie publique. Mais alors que l'insurrection était à moitié étouffée, j'entendis frapper à ma porte, qu'on disait d'ouvrir au nom de la loi. Comprenant que c'était la police qui venait m'arrêter, je sautai de mon lit et m'habillai rapidement. Je sortis de ma chambre à coucher par une porte donnant sur un couloir qui n'était pas gardé. Pendant que la douzaine d'agents de police envoyés pour me prendre au gîte faisait irruption dans la salle précédant ma chambre, je montai au troisième étage, où habitait le père Ventura, à qui ses prédications et ses écrits avaient fait une réputation de libéralisme. Le cher père était levé. Je lui exposai ce qui se passait et le priai de me laisser entrer un moment dans son appartement, où on ne viendrait pas me chercher. Bleu de peur, le saint homme de Dieu me ferma la porte au nez, alléguant qu'étant étranger il ne voulait pas se compromettre.

Je restai sur le palier. Les policiers ne vinrent pas m'y chercher. Ayant mis la main dans mon lit, qui était chaud, ils en conclurent avec raison que je venais de me lever et étais encore dans la maison ; seulement, ils trouvèrent couché dans une autre chambre M. Guillebaud, mon propriétaire, et malgré les protestations de sa femme affirmant que c'était son mari, les argousins s'obstinèrent à le prendre pour moi et l'emmenèrent au milieu d'eux jusque dans la rue, où ils l'emballèrent dans un panier à salade où étaient plusieurs de mes collègues enlevés nuitamment de leur domicile.

M. Guillebaud fut relâché quelques heures après, grâce à l'intervention d'un capitaine de municipaux qui le connaissait. Cette mise en liberté fut d'autant plus heureuse pour M. Guillebaud, que la police qui, comme l'avare Achéron, ne lâche pas sa proie, revint vingt-quatre heures après le repincer. A cause de sa table d'hote, fréquentée uniquement par des représentants de l'extrême-gauche, qui se permettaient quelquefois de chanter des chansons patriotiques, il avait été dénoncé par des locataires réactionnaires de l'hôtel. Etant sur ses gardes, il échappa au mandat d'arrêt lancé contre lui et se mit à l'abri de nouvelles perquisitions.

Pour moi naturellement, je dus chercher un nouveau gîte pour la nuit. Mon vieux camarade d'enfance, le docteur Bertrand de St-Germain, m'offrit, dans son appartement de la rue Taranne, une petite chambre au quatrième, que j'occupai jusqu'à mon départ de Paris pour la Belgique.

Pendant le jour, je me promenais dans Paris comme

d'habitude, sans me déguiser d'aucune manière, attendant avec assez d'indifférence, tant j'étais écœuré par le triomphe du crime de Décembre, le sort qui nous était réservé. Je dînais chez un marchand de vin de la rue Montorgueil avec mes collègues de la Haute-Loire. Parfois même nous nous aventurions dans un des restaurants du Palais-Royal.

Enfin, le 10 janvier, parut le décret qui frappait les représentants républicains coupables d'avoir voulu défendre la République et la Constitution. Mes amis et collègues de la Haute-Loire, Chouvy, Breymand, Monnier, Chovelon, échappèrent à la proscription, qu'ils avaient méritée comme nous, parce que sans doute ils n'avaient pas dans leur arrondissement des ennemis implacables qui avaient juré leur perte. Francisque Maigne et moi nous fumes désignés pour aller représenter notre département dans l'exil.

D'après les décrets du 10 janvier, les représentants Félix Mathé, Richardet, Marc Dufraisse, Miot, Greppo (de *la petite Montagne*), étaient condamnés à la transportation ; soixante-six représentants républicains étaient expulsés du territoire français, c'étaient : Racouchot, Cholat, Colfavru, Faure, Nadaud, Viguier, Savoye, Cambon, Boysset, Baune, Laboulaye, Bruys, Madier de Montjau, Pelletier, Benjamin Raspail, Gaston Dussoubs, Lafon, Lamarque, Malardier, Sommier, St-Ferréol, Ennery, Roselli Mollet (de *la petite Montagne*), Valentin, Agricol Perdiguier, Michot Bontet, Michel Renaud, Benoît, Burgard, Gambon, Lagrange, Charassin, Bansept, Joly, Duché, Guilgot, Hochstuhl, Bertholon, Schœlcher, Joigneaux, Noël-Parfait, Emile Pean, Bac,

Bancel, Belin, Besse, Bourzat, Brives, Chavoix, Dulac, Dupont de Bussac, Guitter, Pierre Lefranc, Jules Leroux, Francisque Maigne, Mathieu de la Drôme, Flotte, Charras, Testelin, Cassal, Signard, Victor Hugo, (de *la Montagne* ou des *Indépendants*); dix-huit représentants, dont six républicains, Edgard Quinet, le général Leydet, Pascal Duprat, Antony Thouret, Victor Chauffour, Versigny ; un demi-napoléonien : Emile de Girardin ; et onze orléanistes : MM. Thiers, Chambolle, Remusat, Créton, Baze, Duvergier de Hauranne, Jules de Lasteyrie. Les généraux Bedeau, Le Flô, Lamoricière, Changarnier, étaient provisoirement éloignés.

Le 17 janvier, nous partions, Francisque Maigne et moi, pour la Belgique, munis de la cartouche jaune qui nous permettait de ne pas être arrêtés en route et de pouvoir pénétrer dans le royaume belge.

J'ai, dans mon livre des *Proscrits en Belgique* et à *Genève,* donné sur la vie des exilés, leurs protestations, leurs luttes contre l'empire, sur les misères, les tristesses de la proscription, les détails que j'ai pu recueillir. J'y renvoie ceux que ces souvenirs déjà si loin de nous peuvent intéresser. Je n'y reviendrai que lorsque j'aurai à parler de faits purement personnels.

J'y avais déjà fait le récit des journées de juin 1849 et décembre 1851, au milieu des témoins de ces évènements, si funestes à la République. A l'opinion publique, aujourd'hui comme après moi, de dire si alors comme toujours je n'ai pas fait mon devoir de représentant du peuple, de républicain, ou si je dois être accusé de lâcheté parce que je n'ai pas été arrêté aux Arts-et-Métiers, comme Jules Maigne, tué sur une barricade, comme Baudin. C'est pourtant cette accusation qui a été portée publiquement, dans mon pays, contre moi, par des ennemis sans bonne foi, sans vergogne, qui sont allés, pour espérer pouvoir m'en salir, ramasser dans la boue où elles étaient tombées, les insanités, les calomnies, jetées, après la défaite, aux Ledru-Rollin, Michel de Bourges, Félix Pyat et autres représentants montagnards qui avaient échappé aux poursuites, aux condamnations, aux transportations, à la mort, auxquelles ils avaient été exposés comme ceux de leurs collègues qui en furent les victimes.

Ils m'ont fait un crime des longues années que j'étais resté dans l'exil, tandis qu'ils les passaient dans leur foyer, au milieu de leurs familles, courbant la tête sous le joug, puis faisant une opposition sans danger et surtout travaillant à s'enrichir, souvent aux dépens des autres, en les exploitant toujours ; ils m'ont reproché de m'être échappé des Arts-et-Métiers, le 13 juin, par un vasistas, de m'être caché dans une cave aux journées de Décembre, d'avoir fui en Belgique habillé en femme.

Et quels sont les farceurs sinistres qui ont inventé ces fumisteries outrageantes, dont *rien, absolument rien* n'a pu leur donner le moindre prétexte ? Ce sont, après le coup d'Etat, les proscripteurs : à Brioude, les Fournier, Langlade, Rochette, Gallice ; au Puy, les rédacteurs ultra-réactionnaires de *la Haute-Loire,* Gaudelet, Bouchet, etc. ; ce sont, après 1870, les francs-fileurs, Jean Gauthier, Daime, et le rédacteur en chef de leur journal, *l'Indépendant de Brioude,* Léonce Guyot-Montpayroux, qui, ayant poussé à la guerre contre l'Allemagne par des discours de tribune ou des articles de journaux belliqueux, trouva le moyen, quoique jeune et valide, de ne pas aller sous les drapeaux combattre pour la patrie en danger ; ce sont, sous le règne de l'ordre moral, l'avoué Achille Nouhen, le cafard aux doigts crochus, l'avocat Rocher, dit le *viel ivrogne,* et les masques de l'*Echo du Velay* et du *Moniteur de Brioude,* Basiles, sachant bien que de la calomnie il reste toujours quelque chose ; ce sont enfin, depuis 1885, les radicailleux Pichat, Domas, Coutarel, Noir, Devins, Amable Beraud et autres rédacteurs ordinaires, extraordinaires ou souteneurs du *Petit Républicain de la Haute-Loire,* de l'*Ami des travailleurs,* du *Radical de Brioude,* qui n'ont été mêlés à aucune conspiration, à aucun complot, aucune prise d'armes, à aucun trouble dans la rue, à aucun procès politique ; n'ont jamais payé de leur personne, pas même de leur bourse, quand leur intérêt, leur ambition n'étaient pas en jeu.

Ce fut vers la fin de décembre, que furent organisées les fameuses commissions mixtes qui, comme l'ont écrit plusieurs historiens du coup d'Etat, décidèrent sans procédure, sans audition de témoins, sans débats contradictoires, sans défense des prévenus, sans jugement public, du sort de milliers de républicains.

Les départements où s'était produite une résistance quelconque au coup d'Etat, et qui étaient au nombre de trente, furent mis en état de siège, et les républicains livrés aux conseils de guerre et aux commissions mixtes. Ces conseils et commissions envoyèrent à Cayenne, à Lambessa, aux bagnes, dans les casemates ou les prisons d'Etat, tous les défenseurs de la

République, de la Constitution, qui s'étaient levés pour les défendre, ou furent accusés, étant républicains sous la République, d'avoir voulu le faire ou d'être les ennemis de l'auteur du coup d'Etat et de ses complices.

Jamais à aucune autre époque, depuis la jacquerie, peut-être, les populations rurales, les paysans, les ouvriers des petites villes, ne s'étaient soulevés en aussi grand nombre qu'après le coup d'Etat, pour une cause politique. Par suite du manque d'organisation, de direction, de chefs, par l'interruption surtout des communications avec Paris, toutes les dépêches et correspondances étant interceptées, les départements soulevés ou disposés à faire une résistance énergique, pouvant croire vaincu ou rallié à l'assassin de la République le peuple de Paris, le grand mouvement populaire qui aurait tout emporté fut promptement arrêté.

Le silence se fit partout ; la presse elle-même était bâillonnée. Louis-Napoléon put appeler impunément aux urnes le peuple, à consacrer, acclamer son coup d'Etat par un plébiscite. Le résultat donna 7,439,216 oui et 640,737 non. Les bulletins nuls furent au nombre de 36,880. Il dut y avoir 1,500,000 abstentions. Dans la capitale, le nombre des votants fut de 216,795, sur lesquels il y eut 132,981 oui, 80,691 non, 31,820 nuls ; il y avait eu 75,000 abstentions.

L'armée, qui avait voté sur un registre public, comme une première proclamation, rapportée ensuite, avait décrété que le plébiscite devait l'être, avait donné 303,290 oui, 37,350 non. 3,626 militaires de l'armée de terre s'étaient abstenus. Pour l'armée de mer le résultat fut : 15,979 oui, 5,128 non, 480 abstentions.

Le clergé, comblé de promesses, célébra le triomphe de Louis-Napoléon avec l'unanimité et l'enthousiasme dont il avait fait preuve après la Révolution de Février, quand il bénissait les arbres de la liberté. La pièce des *Châtiments,* consacrée par Victor Hugo à l'archevêque Sibour, restera comme le cri de la conscience publique indignée contre cet ennemi implacable de la liberté.

Le département de la Haute-Loire fut livré, non aux conseils de guerre, mais aux commissions mixtes. Il n'avait pas bougé aux journées de décembre; il aurait marché cependant si on lui en avait donné le signal et désigné un chef sérieux. On peut en donner pour preuve l'extrême agitation des démocrates avancés, la fusion des modérés et des progressistes lors de la réunion populaire qui eut lieu au Puy, les préparatifs de soulèvement faits à Craponne, à Brioude, à St-Didier-la-Séauve, l'échange d'émissaires entre ses chefs-lieux d'arrondissement et Lyon, Clermont.

Toutefois, nos amis de la Haute-Loire, condamnés par la commission mixte, ont été victimes de honteuses délations, de vengeances personnelles, plus que de leurs tentatives de résistance au coup d'Etat.

C'était de l'Ardèche et de Lyon que les républicains du Puy attendaient le mot d'ordre, comme l'attendait de Clermont et de Paris l'arrondissement de Brioude. Là, comme presque partout, ce fut cette attente qui paralysa, empêcha l'action. A Craponne, sur la nouvelle que plusieurs généraux étaient en marche pour venir dans les départements défendre la constitution, la garde nationale prit les armes et se disposait à descendre au Puy, lorsque les évènements empêchèrent ce projet, amenant l'arrestation de Jouve qui était allé se mettre en communication avec les démocrates du Puy.

Brioude, au premier bruit d'un coup d'Etat, entra en fermentation. La campagne était prête. La ville délibéra sur le parti à prendre. Les républicains s'étaient organisés de manière à être en communication avec les communes de l'arrondissement, les villes voisines et surtout le Puy. Celui qui y était allé n'en rapporta aucune nouvelle, sinon que tout était calme. Les journaux, d'autre part, arrivaient de Paris et de Lyon avec une régularité désespérante. Cependant les républicains résolurent d'agir. Une réunion eut lieu chez Duclaux, limonadier. Deux opinions furent soutenues ; l'une de se lever immédiatement en armes, l'autre d'attendre d'autres nouvelles de Paris. La lettre que j'avais écrite de l'assemblée, en termes un peu vagues pour qu'elle ne fût pas arrêtée en route, fut diversement interprêtée par les membres de la réunion. En définitive, il fut résolu que le lendemain matin, jour de marché, la malle-poste serait arrêtée ; qu'on saisirait les dépêches et qu'on appellerait le peuple aux armes en sonnant le tocsin.

A la sortie de cette réunion, que les gendarmes, dit-on, surveillaient de la maison voisine, Perrein fut arrêté et conduit en prison. Dans la nuit et le lendemain matin, d'autres mandats d'arrêt furent lancés et mis à exécution. Les républicains furent traqués de toutes parts et dispersés. Un incident avait failli précipiter la prise d'armes que quelques-uns avaient demandée au début. Le commissaire de police était venu dans le café où se tenait la réunion; on le croyait instruit de ce qui s'y passait. S'il fût monté dans la salle où étaient nos amis, ceux-ci eussent à coup sûr opposé de la résistance, et une lutte s'engageant, le tocsin aurait retenti pour appeler les campagnes à la défense de la République. Celles-ci se mettaient déjà en mouvement. Dans la nuit fixée pour le soulèvement, une cinquantaine de paysans, armés de fusils, se tenaient embusqués à trois quarts d'heure de Brioude, attendant l'appel de leurs frères de la ville. Instruits des arrestations opérées, ils purent regagner leurs foyers sans être inquiétés.

Les décembristes, de leur côté, n'étaient pas restés inactifs; ils s'étaient armés; prêtaient main-forte à la gendarmerie, dont toutes les brigades avaient été concentrées à Brioude. Couverts par la force armée, les Fayard, Fournier, ingénieur, et ses employés des ponts et chaussées, tout dévoués à leur chef, Duclaux, greffier, Pouzols, Paul Maigne, de La Coste, piqueur, Grenier *maussade,* Gallice, imprimeur, Andrieux, l'agent de police Mignard et consorts, faisaient raisonner leur grand sabre sur le pavé, laissant sortir de leur poche la crosse de leur pistolet; ils empoignaient et escortaient en prison les républicains arrêtés.

Protégé par les gendarmes, Paul Maigne entr'autres dénonçait sur le boulevard les citoyens qu'il fallait arrêter; Fayard et de La Coste accompagnèrent, le sabre au poing, le fusil sur l'épaule, Perrein en prison. Le sous-préfet Tony Rochette, le lieutenant de gendarmerie Vital, le procureur Rouffy, pâles, agités, dirigeaient tout, désignaient les suspects. Brouillés

plus tard, ces trois agents de la réaction napoléo-
nienne se sont rejetés les uns sur les autres la responsabilité des mesures de terreur prises dans Brioude.
Mais alors, pour faire le mal, ils luttaient de zèle,
d'autant mieux qu'ils étaient assurés de l'impunité,
et comptaient sur des récompenses.

Rouffy était le plus ardent. Sur le moindre prétexte, souvent même sans prétexte, il malmenait,
brutalisait les habitants qui venaient en foule à la
poste chercher des nouvelles. Plusieurs furent appré-
hendés au corps pour avoir réclamé leurs journaux, et
cela malgré l'opposition de Charles Vidal et de ses
adjoints, qui s'efforçaient de calmer l'agitation, de
mettre obstacle aux actes d'arbitraire.

Pendant tous les jours de décembre il y eut des
conciliabules chez le procureur Rouffy, où se réunis-
saient Fournier, Pouzols, Rochette, sous-préfet, Rochette, avocat, le lieutenant Vital. De nombreuses
visites domiciliaires furent faites.

Duclaux, greffier, se donna, selon son habitude,
beaucoup de mouvement pour faire du zèle sans danger. Il assistait en amateur le procureur de la République Rouffy, le juge d'instruction Thomas et le lieutenant de gendarmerie Vital, dans les interrogatoires
des détenus, n'étant pas requis puisque c'était le
commis-greffier Bagès qui était désigné pour en tenir
copie.

Thomas a à sa charge d'avoir fait l'instruction de la
monstrueuse procédure des commissions mixtes. Ce
fut lui qui interrogeait les prévenus que Rouffy et
Duclaux pressaient aussi de questions en sa présence.
Allemand s'est loué des procédés du juge d'instruc-

tion; les autres s'en sont plaints vivement et l'ont accusé d'avoir fait ses interrogatoires de manière à trouver des coupables.

, Nos amis, dans leur prison de Brioude, n'ont pas subi les mauvais traitements qui ne leur furent pas épargnés dans celles du Puy et des étapes de leur route vers la transportation. Toutefois, ils furent livrés comme des bêtes féroces à la curiosité des femmes et sœurs des fonctionnaires de la ville, admises à visiter la prison, tandis que les femmes, les sœurs, les mères des prisonniers en trouvaient, malgré leurs supplications, les portes fermées.

Les témoignages de sympathie ne manquèrent pas à ceux d'entre eux que l'on faisait, en route, jusqu'au lieu d'embarquement, coucher sur la paille, attachés avec des cordes ou des chaînes. C'est au milieu de la plus vive agitation notamment que Perrein et les autres démocrates arrêtés par les gendarmes furent conduits en prison; que Trioullier et Besseyre ont traversé Brioude, la chaîne au cou, pour aller au Puy rejoindre les autres condamnés à la transportation. Toutes ces mesures de sûreté générale étaient prises alors que le département était resté calme. Ce n'était pas toutefois de la répression, c'était de ce calme que l'on s'étonnait ailleurs. Au *Constitutionnel*, qui en avait manifesté sa surprise, le bigot et crétin rédacteur de *la Haute-Loire* répondait que ce département avait été protégé par la bonne Vierge noire du Velay.

Il nous reste maitenant à faire connaître les noms des proscrits et des proscripteurs ou pourvoyeurs de proscriptions dans notre département. Nous reproduisons, à cet effet, la brochure intitulée *Proscrits et*

Proscripteurs qui, imprimée en 1853, à Jersey, a été faite avec les extraits des diverses brochures publiées à Londres, Bruxelles, par Victor Hugo, Pascal Duprat, Schœlcher. Les portraits des fauteurs ou complices du coup d'Etat ne sont pas flattés, nous l'avouons. Après les trente-sept années écoulées depuis le 2 Décembre, ils pourront paraître d'un ton trop foncé. Il y aurait peut-être des retouches à faire, ce qui en rendrait quelques-uns sans doute un peu moins noirs qu'on les a peints. Les contemporains diront toutefois qu'ils sont ressemblants, et nous affirmons que les accusations portées par les proscrits contre eux sont vraies. Qu'ils en portent la responsabilité ! Le Brioude du présent et de l'avenir les jugera.

PROSCRITS & PROSCRIPTEURS

Extraits des TABLES DE PROSCRIPTION, *du* PILORI *et des diverses brochures publiées à Londres, Bruxelles, etc., par Victor Hugo, Pascal Duprat, Schœlcher, Magen, etc.*

Les commissions mixtes composées en partie, presque partout, de fonctionnaires étrangers aux départements, n'ont dressé leurs listes de proscriptions que sur les rapports, demandes ou dénonciations des autorités locales et de celte tourbe de misérables toujours prêts à profiter des réactions pour se débarrasser de leurs ennemis politiques et privés.

Le nombre de ces pourvoyeurs anonymes de la proscription a été considérable pendant la terreur de décembre, dans laquelle les hommes des vieux partis royalistes, se vengeant de la peur qu'ils avaient eue, ont trempé la main comme les napoléoniens.

Tous les citoyens signalés aux vengeances des vainqueurs n'ont pas été atteints par la proscription, parce que les commissions mixtes, assumant seules la responsabilité des mesures de violence et d'arbitraire, n'ont pas osé, dans les départements surtout où il n'y avait pas eu de prise d'armes, donner satisfaction à toutes ces lâches et ignobles haines qui voulaient frapper dans l'ombre ; mais si chaque commune n'a pas eu ses proscrits, la faute n'en est pas à ceux qui ont réclamé leur contingent. Les délateurs, lorsqu'ils sont connus, n'en doivent pas moins être exposés sur le pilori dressé pour les coupables officiels.

Au-dessous d'eux, sur les gradins inférieurs, doivent figurer les chefs de bandes, les sommités impérialistes que le bandit de décembre a imposés au pays, le gendarme sur la gorge, comme députés et conseillers généraux. En acceptant la tâche d'infamie, ces notabilités du régime napoléonien ont montré que par leurs antécédents, leurs principes ou leurs actes, elles l'avaient méritée.

Quant aux individus nommés directement par le *coup d'Etat,* pour leurs services, leur dévouement ou leur plate servilité, à des places ou fonctions plus ou moins rétribuées, leur nom ne doit pas figurer ici : ils sont assez connus pour qu'on les laisse provisoirement dans la boue où ils se vautrent.

HAUTE-LOIRE

Exécuteurs : Girard, préfet, qui ajoute à son nom celui de *Villesaison,* parce que son père, gros fermier, acheta une terre ainsi nommée. Ce Girard, espèce d'avorton, au profil d'épervier, vrai malappris, crevant du plus sot orgueuil, fut sous-préfet à Bergerac, où il ne sut être qu'un lâche espion et où sa lâcheté fut mise à l'épreuve par un de nos amis, qui ne put amener ce trembleur, moralement souffleté, à prendre un pistolet ou une épée. Chassé de Bergerac par le mépris public, il devint sous-préfet de Saint-Omer, et préfet de la Haute-Loire, où, en décembre 1851, il voulait emprisonner ou fusiller tous les républicains, insultait les mères et les sœurs des prisonniers et poussait l'infâmie jusqu'à forcer une fille à payer de son honneur la rançon de son père menacé de la déportation.

Malbet, procureur au teint blême, au front fuyant, aux lèvres crispées, type de la servilité méchante, vrai magistrat du 2 décembre qui a donné un siège de conseiller à ce zélé pourvoyeur de la transportation.

De Pannis, commandant du 3ᵐᵉ bataillon du 18ᵐᵉ de ligne, gros soldat, qui a obéi comme une machine à la consigne venue d'en haut.

ARRONDISSEMENT DU PUY

Pourvoyeurs et valets : Reynaud, médecin, maire qui fait le capucin aux processions, dénonciateur qui dressait la liste des suspects à propos de la fameuse *machine infernale* de Marseille.

Mauduit, lieutenant, commandant l'escorte des transportés, boucanier qui donna hautement à ses soldats l'ordre de faire feu sur les citoyens qui se rassembleraient autour de nos amis enchaînés, enfin digne parent du cynique historiographe du coup d'Etat.

De Saint-Poncy, grand niais légitimiste, dont le bas empire a fait un sous-préfet.

Mathieu, avocat, grouillant dans les bas fonds de la réaction, ex-conseiller de préfecture.

Gaudelet, imprimeur-gérant du journal délateur, insulteur et provocateur de *la Haute-Loire,* misérable qui mettait à l'abri de sa vieillesse toutes les infamies et les lâchetés anonymes des ennemis de la République, rat d'Eglise, imprimant dans sa feuille méprisée que le département de la Haute-Loire *avait accueilli sans résistance impie le coup d'État parce qu'il est sous la protection de la sainte Vierge.*

Bouchet, gendre du précédent, fils d'un gendarme, mauvais fils qui rougissait de son père, mauvais mari que ses immoralités ont forcé à la séparation de corps, ex-sacristain, ex-régent, mélange de cuistre, de gendarme et de bedeau, reptile bavant son venin impur sur tout ce qui est républicain et probe.

Porral, médecin, espèce de porc-épic puant, crotté, hérissé, venimeux.

Jules Labathie, ex-avoué, forcé de vendre son étude, vrai tortillard retors, inséparable de Porral pour méditer et exécuter des projets malfaisants, pour rédiger ou inspirer les turpitudes du journal de Gaudelet, et pour aboyer, après le coup d'État, contre les vaincus qu'ils n'ont pas eu le plaisir de livrer eux-mêmes à la proscription, ayant été supplantés par une coterie rivale qui n'a voulu rien laisser faire d'eux ni de leurs amis.

Assézat de Bouteyre, aristocrate fat et vaniteux, heureux de pouvoir dans son équipage éclabousser ses amis à pied, substitut en décembre, aujourd'hui procureur à Saint-Flour, un des rédacteurs du même journal.

De Vaux, maire de Chamalières, ivrogne qui a une râture à son acte de naissance et n'en est que plus ardent à se venger de ceux qui ne mettent pas chapeau bas devant lui, quand il cuve son vin et sa vanité de *hobereau.*

Le notaire Jules Chouvy, maire de Saint-Jean-Lachalm, furieux de modération qui, ne pouvant sacrifier
à son futur empereur le représentant du même nom que
lui, que *la Montagne* comptait dans ses rangs, a fait
frapper par les proscripteurs le beau-frère de ce représentant.

ARRONDISSEMENT DE BRIOUDE

Tony Rochette, sous-préfet, dont la vie se compose
de luxe, de violences, de brutalités et de plaisirs ; ambitieux sans principes, qui, avant février, avait un
pied dans tous les partis pour parvenir, et qui, après
la Révolution, repoussé par les démocrates, se jeta dans
la réaction dont, à force de courbettes, il obtint,
quelque temps avant le coup d'Etat, une sous-préfecture ; administrateur aussi suffisant qu'incapable, que
le pouvoir grise comme l'orgie et rend ridiculement
furieux, valet digne du maître ; il a été décoré.

Rouffy, procureur, aujourd'hui avocat général à
Riom, ex-vice-président d'une société secrète à Mau-
riac, apostat, qui pour faire oublier son républicanisme
de la veille, déploya pendant la terreur de décembre
toutes les ressources d'un délateur, d'un empoigneur
et d'un accusateur.

Vital, lieutenant de gendarmerie, aujourd'hui capitaine, mouchard en chef de l'arrondissement, provocateur insolent, grossier et brutal.

Thomas, petit-fils d'un régicide, titre dont avec
raison il se montrait fier à une autre époque, juge ins-
tructeur des commissions mixtes en décembre, aujour-
d'hui président du tribunal, ex-voltairien qui se confesse
et cultive les jésuites et les gendarmes, pour escalader
un siège de la cour d'appel de Riom.

Mignard, bas agent de la basse police.

Fournier, ingénieur, et Langlade, avoué, longtemps l'un le bras et l'autre la tête du sous-préfet Rochette. Langlade, procureur aux doigts crochus. Fournier, qui, le lendemain de Février, préparait pour le bien de la République les listes d'épuration des maires, percepteurs et autres fonctionnaires anti-républicains, et qui, en décembre, bonapartiste des plus ardents, parce que la République n'avait pas voulu faire de lui un représentant du peuple, dressait, pour le compte du bas empire la liste des suspects ; vaniteux, cupide, qui fait la roue comme un paon quand il n'a pas intérêt à ramper comme un serpent.

Fayard, le *gapian,* mauvais chenapan de barrière.

Rochette, avocat, délateur qui commença son métier sous la Restauration en dénonçant son beau-frère, bonapartiste, et qui a refusé une pension alimentaire à son vieux père ; immoralité faite homme.

Paul Maigne, avocat, vendeur à faux poids de paroles creuses, ex-républicain, ex-guizotin, flétri comme témoin en pleine cour d'assises, et qui aux journées de décembre désignait aux gendarmes les citoyens qu'ils devaient arrêter.

Grenier, dit le *maussade,* mouche du coche sous-préfectoral.

De la Coste, piqueur, vieux noble de pacotille, don Quichotte de grand chemin, garde chiourme amateur au service de Bonaparte.

Andrieux, maire du coup d'Etat, ex-prôneur de l'abbé Chatel, fils d'un boulanger, se faisant appeler *Andrieux de Brioude* pour déguiser sous ce titre son origine, et, pour faire croire qu'il était décoré, étalant sur sa poitrine un ruban tricolore dont il ne laissait voir que le rouge, sultan de Brioude dont il a vendu le collège aux maristes.

Gallice, imprimeur, chien couchant, âpre à toutes les curées, à celles des fournitures surtout.

Duclaux, greffier, langue de vipère, insolence de laquais.

Pouzols, percepteur, faux et rampant, cumulard sans vergogne.

Mallye père, ancien député barrotiste, qui, après avoir fait du royalisme en 1815, du libéralisme sous Louis-Philippe, courut, au lendemain de Février, à la curée des places, sollicita et obtint, de la République qu'il exécrait, la présidence du tribunal, et s'est mis en toute occasion, pour satisfaire ses haines politiques et privées, à la tête de la réaction de son arrondissement.

Gauthier, adjoint, dindon qui se croit un aigle.

Cheminard, libraire, renégat, accepté comme chef de file, quoique ci-devant prétrophobe et *avale bourgeois tout cru,* par les défenseurs de l'ordre et de la religion qui l'ont laissé tomber sur le pavé après s'en être servi.

Péret, maire de Vieille-Brioude, méchante bête qui demandait la transportation de tous ses administrés.

Fournier, maire de Saint-Ilpize, petit cafard qui livrait son contingent à l'Afrique en faisant patte de velours à ceux qu'il dénonçait.

Lagarde, maire de Lempdes, ambitieux, souple et rusé pour satisfaire ses haines ou ses convoitises.

Fontaine, commissaire de police à Brioude, ex-sergent de ville de Paris, abruti par le vin, homme de sac et de corde qui, renvoyé plus tard à Murat, fit, dans un accès d'ivrognerie, tirer sur une foule inoffensive.

Ravaisse, juge de paix à Blesle, ex-ultra libéral, devenu jésuite renforcé.

Langlade, juge de paix à Auzon, acheteur de biens à reméré.

Momège, juge de paix à La Chaise-Dieu, tartuffe sous la peau d'un rustre : ce trio de juges de paix s'est distingué dans les visites domiciliaires qu'il a dirigées, en faisant labourer les cours et les jardins pour y chercher les pièces de conviction, et en enfonçant les portes des républicains.

Deroure, substitut, qui, à Brioude, quand on découvrit le prétendu complot de Marseille, s'introduisit, de nuit, comme un voleur, dans la maison du citoyen Ernest St-Ferréol, fouilla les poches de son prisonnier, porta son impure main jusque dans le lit d'une mère malade à laquelle on enlevait son fils et qui a été mortellement frappée par ce coup imprévu.

Pouzols, de La Chaise-Dieu, usurier enrichi par la spoliation, délateur de tous ceux qui le gênent.

Féret, à La Voûte, huissier rapace.

Gilbert, notaire au même lieu, stupide intrigant.

Les Romeuf de La Valette, caméléons changeant de couleur sous tous les régimes et frappant leurs adversaires dans l'ombre.

Ferrand, maréchal des logis de gendarmerie à Blesle, le brigadier de Lavoûte, Terron, aujourd'hui buraliste de tabac, et le maréchal des logis de Lempdes, Chefunes, qui a reçu de l'avancement, méritent dans cette gendarmerie de l'arrondissement qui avait été gangrené par son lieutenant, une mention particulière ; ce sont des brutes presque toujours ivres et soulevant les populations par d'insolentes provocations.

ARRONDISSEMENT D'YSSINGEAUX

Laroque, juge d'instruction, qui, sous Charles X, se faisait appeler vicomte, suspendu de ses fonctions en

1848 comme déshonorant la magistrature même du dernier règne, l'un des chiens courants qui se sont le plus ardemment livrés à la chasse aux républicains, initiateur de toutes les mesures extrêmes, proscripteur infatigable, insolvable débiteur qui essaya, dit-on, d'avaler un billet souscrit par lui afin d'en éviter le payement.

De Marcilly, sous-préfet; arrivé après le coup d'Etat, ce monsieur ne pouvait que se mettre à la queue des Laroque et des Delair, connaissant seulement les démocrates de l'arrondissement par les rapports de ses fonctionnaires. Il a pourtant été accusé… après son départ — par ceux dont il avait servi les haines, — d'avoir forcé la justice à poursuivre certains républicains, en menaçant de perquisitionner lui-même.

Delair, procureur qui, au sortir d'un tête à tête accoutumé avec la femme du voisin, rentre bruyamment chez lui afin d'avertir sa propre femme qui tient des conversations intimes avec un personnage sur l'appui duquel il compte; il fut nommé procureur impérial au chef-lieu pour ses réquisitoires haineux et ses battues en décembre, à la tête des gendarmes.

Boissié, lieutenant de gendarmerie, l'un des sous-officiers de Lunéville condamnés pour crime de républicanisme, proscrit devenu proscripteur, et se vautrant dans la sanglante boue de décembre.

Laffressange, roturier qui s'affuble du titre de marquis, légitimiste, ou orléaniste, ou bonapartiste, suivant les circonstances; besoigneux enrichi par un mariage d'argent, et demandant un ratelier quelconque, fils d'un ex-député *Pritchardiste* mort de chagrin pour ne pas avoir été fait sénateur du *bas empire,* inspirateur des déportations de braves ouvriers coupables de ne s'être point courbés devant sa toute puissance cantonale.

L'abbé Cartal, énergumène de tréteaux, marchant toujours armé d'un gourdin, vieux fou buveur et joueur, qui bat les enfants qu'on lui donne à élever, assomme les gens assez mal avisés pour rester à ses sermons, et se donne le plaisir, faute de mieux, d'envoyer, du haut de la chaire, au diable les démocrates qui n'ont pu être livrés à M. Bonaparte, pour le compte duquel nombre d'autres prêtres, dans la Haute-Loire comme partout, ont fait de la délation.

Choumouroux, maire d'Yssingeaux, et son cousin, le percepteur Ducrozet, deux légitimistes, jésuites, qui, en attendant la restauration de leur fétiche, rampent au pied de tout pouvoir de *fait* et se sont distingués par leur habilité d'escamoteurs dans la grande farce décembriste du suffrage universel.

Le maréchal des logis d'Yssingeaux, Bugniez, d'un zèle féroce, décoré depuis et médaillé.

Riou, maire à Saint-Didier-la-Séauve, lâche et stupide pantin dont d'autres tirent les fils, et qui n'en a pas moins la bonne intention de faire de la violence pour son propre compte.

Courège, maréchal des logis de Saint-Didier, qui se montra d'une cruauté inouie envers nos transportés, que sans prétexte il chargea de fers aux pieds, au cou, aux mains. — Dans cette petite ville de Saint-Didier, frappée entre toutes celles du département, d'honnêtes modérés avaient, après le triomphe du coup d'Etat, répandu, pendant la nuit, du sang sur le seuil de leurs maisons pour faire accuser leurs ennemis d'avoir ainsi désigné des victimes à immoler, et pour vouer par suite, d'une manière sûre, les républicains à la proscription.

Cuoc, juge de paix à Monistrol, perquisitionneur, après décembre, d'autant plus zélé qu'en saisissant et emportant papiers, livrets, tout ce qui lui tombait sous la main, il espérait trouver le moyen de mettre ses créanciers républicains dans l'impossibilité de lui réclamer ce qu'il leur devait.

Députés au corps dit *législatif,* nommés *par ordre :* De la Tour Maubourg, Barthélemy Romeuf, deux sabres d'antichambre.

Membres du conseil général, issus après le coup d'Etat d'un scrutin violenté et faussé : Calemard de Lafayette, ancien député ultra-royaliste, s'associant à toutes les mesures réactionnaires proposées par le pouvoir. — Badon, ex-constituant réacteur. — Lacombe-Tharin. — Reynaud, médecin. — Faucon aîné, banquier. — Le député de la Tour Maubourg, — de Vinoles, — le chevalier de la Roule, — de Chomeils, — de Saint-Germain, — de Bronac, — de Choumouroux : six ex-légitimistes. — Grellet, — Ravaisse, — Armant, — Pissis, juges de paix. — Le général Pellion, ce sanglant héros des assassinats de décembre. — Martin, de Saint-Pal. — Du Chayla. — Delair, le procureur. — Le président Thomas. — Le légitimiste jésuite Mandaroux-Vertamy. — Le député Barthélemy Romeuf. — Le président de chambre Louis Romeuf. — Pissis, lieutenant-colonel, ancien orléaniste. — Véron.

Préfets du coup d'Etat : Girard de Villesaison. — De Vougy, cousin de la veuve Marcellange, petit-fils d'un meunier de Roanne, dans le moulin duquel il s'est cru assez blanchi pour se faire appeler *vicomte,* officier d'état-major assez brutal, riche et ladre comme on ne l'est pas.

De Chévremont, grand diseur de mots vides, grand faiseur d'embarras, cachant sa roideur sous des formes doucereuses, et jouant jusqu'à nouvel ordre à la conciliation, parce que l'intimidation n'a pas réussi à ses prédécesseurs.

Sous-préfets : arrondissement de Brioude : Rochette, toujours Rochette. — Arrondissement d'Yssingeaux : d'Encausse, Alexandre Bache, ancien officier, de Marcilly, Dufour; tous aussi serviles mais aussi incapables les uns que les autres.

La commission mixte, dont les membres étaient les sieurs Girard de Villesaison, préfet ; de Pannis, chef de bataillon, Malbet, procureur de la République, a fonctionné au Puy.

Une destitution brutale enlevait le préfet Girard à la Haute-Loire, le lendemain de la proscription. Il avait servi avec zèle les passions ardentes qui s'agitaient autour de lui ; mais ayant, dans une discussion, menacé de sa botte microscopique l'aumônier de la prison du Puy, un intime du cardinal de Bonald, il fut malgré ses états de services décembristes renvoyé dans la ferme de monsieur son père.

Instrument mis par le hasard au service de la contre-révolution, le chef de bataillon de Pannis, qui commandait le département en l'absence du général Mauduit, n'a pas été révoqué, il n'a pas non plus reçu d'avancement. A-t-il été coupable de mollesse ?

Seul le procureur Malbet, l'âme de la commission, a reçu le prix de l'iniquité, il a été nommé conseiller à la cour d'appel de Riom.

Quand les maîtres laissent faire, les valets commandent. Parmi ces valets que le bonapartisme a recrutés pour satisfaire ses vengeances, il faut citer avant tout le procureur de Brioude, Rouffy, le procureur d'Yssingeaux, Delair, et le juge d'Yssingeaux nommé Laroque. L'un de ces magistrats, Rouffy, avait été vice-président d'une société secrète, sous la royauté. Quelle heureuse situation pour proscrire ! Le renégat aidait le persécuteur et dirigeait ses coups.

La première place parmi les proscripteurs de la Haute-Loire appartient toutefois au sous-préfet Rochette. Il faut que le bonapartisme n'ait pas su l'apprécier convenablement pour ne pas lui avoir donné un rôle plus élevé. On dit qu'il est radicalement incapable et qu'il ne mériterait pas d'être secrétaire d'un maire de village. Mais qu'importe ? est-ce que la force a besoin d'avoir de l'esprit ?

On jugera par ce trait de ce que peut faire le sous-préfet Rochette.

Un cultivateur qui avait le tort d'être républicain, Barnier, était détenu depuis plusieurs semaines. Sa famille se composait de cinq membres : sa femme, trois enfants jeunes encore et une belle-mère d'un âge avancé. Elle n'avait d'autre ressource que le travail de son chef, qui vivait avec les siens du produit de quelques fermages. Qu'allait-elle devenir ? Le moment était venu où un de ses champs devait être ensemencé. Il fallait préparer le sol à recevoir le grain. Quelques voisins, réunis dans une pensée généreuse, forment une colonie agricole, vont labourer le champ et se retirent. La terre était prête ; la semence pouvait lui être confiée, et comme le soleil n'obéit pas encore aux despotes, la moisson allait germer dans ses sillons, que la fraternité venait d'ouvrir. C'était une famille sauvée de la faim.

Rochette l'apprend ; il s'emporte, il s'irrite. Il veut qu'on arrête les citoyens pervers, qui n'ont pas craint de labourer le champ d'un démagogue promis à la justice de Bonaparte, et de conspirer en quelque sorte avec la nature, au profit des victimes du dictateur. On cherche ces complices de la terre et du soleil ; mais il est impossible de découvrir leurs traces.

« Qu'on arrête la femme de Barnier, » s'écrie le sous-préfet.

L'ordre est exécuté. On enlève à ses enfants cette malheureuse mère de famille; elle est conduite en prison et confondue avec les femmes flétries.

Barnier, à cette nouvelle, est transporté de fureur. Il pousse des cris affreux, déchire ses mains dans une sorte de rage, et n'apercevant nulle part une justice pour châtier tous ces excès : « Il n'y a point de Dieu! s'écrie-t-il avec désespoir. S'il y en avait, la foudre aurait déjà frappé ce misérable qui ne respecte ni les femmes ni les mères! »

La femme de Barnier est restée trois jours en prison. Ses enfants et sa vieille mère, abandonnés à eux-mêmes, cherchaient vainement des secours. La terreur avait glacé toutes les âmes; les mains les plus généreuses restaient fermées. Comment n'aurait-on pas tremblé devant cet homme, qui poussait le cynisme jusqu'à menacer une femme, la tante des frères Maigne représentants de la Haute-Loire, parce qu'elle envoyait des vivres au malheureux Barnier.

Le gouvernement de Louis Bonaparte ne pouvait rencontrer un plus digne interprète. L'humanité devient un crime en face de ces dictateurs, que la soif du pouvoir pousse à tous les forfaits.

CONDAMNÉ A LA DÉPORTATION A CAYENNE

Cussinel Louis, chapelier, de Saint-Didier-la-Séauve.

CONDAMNÉS A LA DÉPORTATION EN ALGÉRIE

Besseyre *(Lorange)*, aubergiste à Vieille-Brioude.
Cussinel jeune, ouvrier — c'est le frère du proscrit de

ce nom qui a été envoyé à la Guyanne. Il est mort loin de sa famille, malgré sa jeunesse et sa force. — Ducros Théodore, ex-agréé du tribunal de commerce au Puy. — Dufaut, cultivateur, de Tapon, près Saint-Ilpize. — Jouve Auguste, conducteur des ponts et chaussées, de Craponne. — Deux voitures portaient du Puy à Yssingeaux les victimes de la Haute-Loire. La foule accourt pour les voir, et le juge Laroque se montre au premier rang. Il aperçoit Jouve au milieu des autres prisonniers : « Voilà donc celui qui fait la mauvaise tête, s'écrie-t-il ; heureusement que Lambessa va réformer son caractère. » — Ce n'est pas vrai, répond du sein de la foule une voix émue et indignée. — Qui vous donne le droit de m'adresser un démenti, répond avec colère l'homme du code pénal? — Mon titre de père, ajoute l'interlocuteur ; et comme si ce mot lui avait donné une sorte d'autorité sur ce magistrat à la fois odieux et ridicule : « Vous devriez bien attendre, lui dit-il, que je sois parti, pour jeter ainsi l'insulte à mon fils. »

C'était en effet le père de Jouve. Il avait suivi la voiture qui emportait son fils, pour lui serrer la main à chaque étape. On lui a refusé cette consolation dans la prison d'Yssingeaux. — Trioullier-Anglisson, maître d'hôtel, de Brioude. — Perrein Joseph, propriétaire, de Brioude. — Vauxheil, ex-instituteur, de Saint-Julien-d'Ance ; il a été frappé sous le ciel brûlant de l'Afrique d'une maladie incurable. — Gidon Antoine, ouvrier rubannier, de Saint-Didier-la-Séauve. — Beraud Jean-Claude, id., id. — Salichon Gabriel, id., id.

CONDAMNÉS AU BANNISSEMENT A TEMPS OU A VIE

Duchamp Victor, avocat, d'Yssingeaux. — Darles Louis, propriétaire, d'Yssingeaux ; il est mort sur la terre d'exil, à l'âge de 33 ans.

Dans la Haute-Loire comme ailleurs, plusieurs républicains ont été condamnés à la surveillance. Ce sont les citoyens Boulle Pierre, ancien notaire à Craponne ; Tineyre Adolphe, perruquier à Craponne ; Solvin, menuisier ; Bon-Sauce, marchand de cire, et Itier, du Puy ; Monniet père, de Saint-Jean-Lachalm ; Aubazat, cultivateur, membre du conseil municipal ; Monnier-Simand, jardinier, et Pouyet, ferblantier, de Brioude ; Celeyre, meunier, de la Pruneyre, près Brioude ; Tourrette, cultivateur, de Vieille-Brioude ; Brun, coiffeur à Brioude, s'est trouvé compris dans cette catégorie.

Un mandat d'arrêt avait été lancé contre lui parce qu'il avait retroussé sa moustache en voyant passer devant sa porte le sous-préfet Rochette, qui a su rendre ridicule la violence elle-même. Il était détenu dans la prison de Brioude. Sa femme tomba dangereusement malade et demande à le voir. Le sous-préfet s'y oppose ; des citoyens honorables interviennent ; l'agent de Louis Bonaparte reste inexorable. Un ordre de la commission délivre heureusement le prisonnier, en le condamnant à cinq ans de surveillance, et il lui est permis de se rendre auprès de sa femme que son éloignement allait peut-être tuer.

CONDAMNÉS A LA PRISON PAR LE TRIBUNAL CORRECTIONNEL DEVANT LEQUEL ILS ONT ÉTÉ RENVOYÉS PAR LA COMMISSION MIXTE.

Chaurand, ancien clerc, du Puy. — Tourrette, *Quattrand,* membre du conseil municipal de Brioude.

Le nombre des arrestations faites sans prétexte, dans la Haute-Loire, après les journées de décembre, s'est élevé à plus de 80. Parmi les citoyens qui ont eu à subir une détention plus ou moins longue, se trouvent

indépendamment des *condamnés* de toutes les caté-
gories : Achard, Says, Séjalon, aubergiste, et Badiou,
marchand de toiles au Puy ; Abélion, cultivateur, ex-
maire d'Allayras ; Tabouret, coiffeur ; Barnier, cultivateur, et sa femme ; Coste, marchand de parapluies,
et Allemand, instituteur, de Brioude ; Sabatier père
et fils, de Bournoncle, près Brioude ; Planche, cultivateur, d'Artiges, commune de Saint-Just-près-
Brioude ; Boisson, d'Auzon.

Des visites domiciliaires ont, en outre, été faites,
dans la plupart des communes du département, chez
les démocrates les plus connus. Beaucoup de cafés et
d'auberges ont été arbitrairement fermés : notamment
à Brioude, les cafés des citoyens Duclaux, Maigne et
Doniol, et l'auberge du citoyen Girard ; à Vieille-
Brioude, les auberges des citoyens Besseyre, que l'on
a voulu ruiner, après l'avoir envoyé en Algérie, et
Tourrette, à Langeac, et ailleurs les établissements
les plus achalandés.

Dès le 10 janvier, enfin, par décret de Louis-Napo-
léon, signé de Morny, les représentants Francisque
Maigne, frère du représentant Jules Maigne, détenu à
Belle-Isle pour les affaires du 13 juin, et Amédée
St-Ferréol, avaient été proscrits et forcés de se réfu-
gier en Belgique.

A cette heure, les crimes de décembre sont encore
impunis ! Dans la France esclave, les coupables triomphant jouissent sans trouble, sinon sans remords ou
sans peur, du fruit de leur iniquité, et ceux qui dispa-
raissent de la scène avant la fin de l'orgie meurent
dans leur lit, au milieu de leur famille ou de leurs
amis, comme des gens qui n'ont pas de comptes à
rendre à la justice ; mais morts ou vivants, *l'histoire
les tient,* ainsi que l'a dit l'auteur de *Napoléon le
Petit*.

En attendant les solennelles expiations, qu'au jour prochain de la justice, ordonnera la souveraineté populaire, et les peines afflictives et infâmantes que le Code pénal réserve aux fauteurs, complices et exécuteurs du coup d'Etat, et des attentats contre les lois, les personnes, les propriétés, qui l'ont accompagné, la conscience humaine a dressé le pilori où elle attache ceux qu'elle a condamnés. Le châtiment commence !

———

C'est seulement le 4 septembre 1870, que le châtiment devait frapper le criminel auteur du coup d'État, en épargnant ses complices.

Alors que la France était envahie, ensanglantée, ruinée par l'ennemi que le César de décembre y avait attiré, les patriotes, les républicains, ne pouvaient songer qu'à la défense nationale. Les bonapartistes les plus compromis, après avoir, au premier moment, filé sur Bruxelles, purent bientôt rentrer sans être inquiétés. En faisant les morts, ou se disant plus républicains que ceux qui l'avaient toujours été, les proscripteurs et les délateurs se perdirent dans le parti victorieux. Ils eurent ainsi bientôt le moyen de conspirer contre la République, qui les avait oubliés ou méprisés.

———

CHAPITRE II

BRIOUDE SOUS LES FONCTIONNAIRES NAPOLÉONIENS

Nous devons maintenant parler de ce qui concerne spécialement la ville de Brioude.

Le 24 décembre, une commission provisoire, nommée par le pouvoir, tint sa première séance à l'Hôtel de ville. Le docteur Andrieux, son président, remplissant les fonctions de maire, fit, pour son début, renouveler en entier le conseil de direction de la caisse d'épargne.

Au nombre des nouveaux directeurs figurèrent le sous-préfet Tony Rochette, A. Mallye, président du tribunal civil, Gallice, imprimeur, Rozier, qui s'étaient distingués dans les journées du coup d'Etat à Brioude.

Puis la commission, déclarant qu'il y avait dans les finances un déficit de 14,000 francs résultant de l'abaissement et du non paiement des droits sur les vendanges, releva ces droits de 15 à 50 centimes l'hectolitre. Ce fut un des premiers bienfaits de l'administration de nos décembraillards. Quand on prend du galon on n'en saurait trop prendre.

Dans la séance du 21 janvier 1852, la commission, toujours composée en gros et en détail du docteur Andrieux, du marchand mercier Gauthier, et de l'avocat Rozier, porta les droits d'octroi à 80 centimes l'hectolitre, les embellissements et travaux d'utilité publique que demandait la ville rendant, disait-elle, cette surcharge indispensable. Elle pria le sous-préfet de faire procéder à la réorganisation de la compagnie des sapeurs-pompiers, qui serait, cette fois, composée de vrais ratapoils. Enfin, considérant que M. Rochette, sous-préfet, M. Rouffy, procureur de la République, et M. Vital, lieutenant de la gendarmerie, ont rendu à la ville et à l'arrondissement de Brioude des services éminents, pendant les journées de décembre 1851 ; que c'est à l'activité, à l'initiative de ces fonctionnaires, que cette ville a dû d'être préservée de tout malheur et de tout désordre, tandis que tant d'autres localités ont été le théâtre de drames sanglants ; que la population entière a manifesté hautement de ses justes sentiments de reconnaissance à l'égard de MM. Rochette, Rouffy, et Vital ; arrête que la présente délibération sera adressée au sous-préfet, au procureur et au lieutenant, qui en fera part à ses braves gendarmes.

A cette plate délibération, le maire ajouta des lettres non moins platement élogieuses des actes des proscripteurs. On peut en juger par un passage de celle adressée à M. Rochette :

« Les habitants de Brioude ont apprécié, comme elle le mérite, votre belle conduite pendant les journées de décembre 1851. Malgré les menées démagogiques, malgré les mauvaises intentions des chefs du parti anarchiste, pendant qu'un grand nombre de localités moins menacées que la nôtre étaient le théâtre des actes les plus déplorables, des crimes les plus atroces, et lorsque tous les esprits étaient justement effrayés, le calme a régné dans la ville de Brioude. Les habitants honnêtes ont été en sûreté, pour eux, leurs familles et leurs propriétés. C'est à vous que nous le devons. »

C'est après avoir rempli nos prisons de citoyens coupables d'avoir été républicains sous la République, avoir fait de la terreur dans l'arrondissement, que les usurpateurs de la souveraineté communale disaient que l'ordre régnait à Brioude.

Le maire Andrieux, flanqué de ses deux aides, s'était empressé de faire arracher les arbres de la liberté que les vainqueurs du jour avaient plantés eux-mêmes, enlever, gratter, effacer partout les inscriptions, les emblêmes rappelant la République, bien que Louis-Napoléon s'appelât encore président de la République.

Les jours où l'on célébra l'étranglement de la République par le plébiscite trouvé au fond des urnes à double fond, gardées par des gendarmes, la commission éprouva le besoin de récompenser, en votant un crédit spécial, les ouvriers qui avaient accompli cette œuvre d'agents de la basse police.

Le 4 avril, cette commission, qui avait annoncé avec tant de fracas que les finances de la ville étaient en déficit, et que des travaux d'utilité publique devaient être faits sans retard, consacrait 12,000 francs à la restauration de l'église de Saint-Julien, pour parfaire la somme de 64,000 francs prévue par l'architecte Mallet, et sur lesquels l'Etat accordait une subvention de 32,000 francs. Continuant l'œuvre religieuse, la commission, profitant de la démission de M. Brunel, instituteur communal, qui avait acheté une charge d'huissier et avait été remplacé par M. Chazal, instituteur à Saint-Georges-d'Aurac, dont les opinions anti-républicaines n'étaient pourtant pas suspectes, émit le vœu que le frère Hélouin, directeur de l'école des Frères de Brioude, fût nommé instituteur communal et que cette école fût transférée dans les bâtiments où elle est encore aujourd'hui.

Peu de temps après, un décret nommait M. Andrieux président f. f. de maire, MM. Gauthier et Montalban adjoints. Ce trio de cléricaux bonapartistes, qui à lui seul remplaçait une administration régulière et un conseil municipal élu par le suffrage universel, n'eut rien de plus pressé que de désorganiser notre établissement laïque d'instruction secondaire. Il livra le collège aux maristes, par un traité passé avec l'abbé Bellanger, supérieur de la communauté, qui devait fournir gratuitement des professeurs. La main-mise sur tous les établissements d'instruction publique par les congréganistes fut enfin accomplie par une délibération qui confiait la direction de la salle d'asile aux sœurs de Saint-Vincent-de-Paul, et transportait cette école dans les bâtiments de la franc-maçonnerie.

Cette invasion de robes noires dans notre collège et nos écoles fut approuvée, ratifiée, consentie par l'université, devenue la très humble servante de l'Eglise.

Pour subvenir aux dépenses à faire, il fut établi un nouveau tarif de droit de voirie pour alignements et réparations.

Les 11 et 12 septembre, il avait été procédé à l'élection d'un conseil municipal. Les républicains s'étaient abstenus, avaient voté en blanc, ou, comme dans tous les plébiscites, avaient vu leurs bulletins mis dans l'urne sans qu'ils se fussent présentés au scrutin. Les conseillers élus étaient donc tous du parti réactionnaire. C'étaient MM. Thomas Joseph, Couguet, juge, Belmont, avocat, Esbrayat, vétérinaire, Monnier Emmanuel, juge de paix, Hyvernoux, cultivateur, Mouret, orfèvre, Boyoud, banquier, Grenier-Brunet, cultivateur, Leclerc, conducteur des ponts et chaussées, Mallye, président, Bouquet, cultivateur, Faugère Julien, cirier, Gallice, imprimeur, Gaubert, ancien instituteur, Paul Maigne, avocat, Raphanel, marchand de fer, Roumilhac, notaire, Chanson, notaire, Grenier Alfred, avocat. Ils jurèrent tous, avec enthousiasme, en vertu des nouveaux décrets, obéissance à la constitution et fidélité au président de la République. Supprimé par la République, le serment de fidélité au chef de l'Etat était de nouveau imposé à tous les corps électifs comme à tous les fonctionnaires.

Installation faite, le conseil, à l'unanimité, vota l'adresse suivante à l'homme de décembre :

« Prince,

» Dès son installation, le conseil municipal de Brioude vient unir sa voix à la grande voix qui s'élève de toute la France. En votre altesse impériale, il voit le sauveur de la France, l'homme providentiel que Dieu dirige, inspire et protège.

» Relevez l'empire héréditaire, prince ; car, vous l'avez dit, l'empire c'est la paix : la paix au dehors, la paix au dedans ; et le pays, fatigué des épreuves qu'il vient de traverser, aspire au repos, que vous seul, empereur, vous pouvez lui donner. »

Ce qui est advenu des prophéties de ces farceurs, atteints du *delirium* impérial, la France le sait.

Approbation pleine et entière de tout ce qu'a fait la commission provisoire en l'absence du conseil municipal, est donnée par le nouveau conseil, qui vote de plus des remerciements aux membres qui la composaient, et cela sans rire. Il est vrai que quelques jours après il adressa ses félicitations au sous-préfet Tony Rochette, décoré de la croix dite d'honneur, pour ses glorieux exploits.

Lorsque Louis-Napoléon, faute de princesse, eut épousé, en janvier 1853, la Montijo, les conseillers municipaux de Brioude adressèrent à sa *majesté* une adresse où nous cueillons les fleurs suivantes :

« Sire, les habitants de Brioude ont voté unanimement pour le rétablissement de l'empire (on sait comment). Ils viennent d'appeler sur l'union de votre majesté la bénédiction du ciel. Interprête des sentiments de toute la population, le corps municipal dépose aux pieds du trône impérial ses remerciements, ses vœux et la nouvelle assurance de son dévouement et de sa fidélité.

» La couronne de France, décernée par huit millions de voix, brille d'assez d'éclat pour ne rien emprunter à une couronne étrangère (ils sont trop verts et bons pour des goujats). L'empereur, élevé au trône par l'amour et la reconnaissance de son peuple, devait appeler à lui une épouse de son choix, qui sût apprécier et aimer ses sujets... Dieu a dirigé votre main, sire, lorsqu'elle cherchait une épouse digne du trône de France. Dieu ausssi a inspiré l'impératrice Eugénie... »

C'est bien le cas de dire que Dieu s'était mis le doigt dans l'œil.

Après que l'école communale fut devenue congréganiste, le maire Andrieux fit, le 24 janvier 1853, avec les abbés Cussinel et Redon, anciens curés de Brioude, ce fameux traité par lequel étaient donnés à la ville les bâtiments et jardin situés sur le boulevard, où se trouvait l'école congréganiste, plus une somme de dix mille francs, à la condition que la ville entretiendrait, rétribuerait, logerait à perpétuité les chers frères dans ces bâtiments, dont elle payerait les impôts, qu'elle réparerait, meublerait. Le conseil municipal approuva par acclamation, le 6 février 1853, ce traité.

Le maire avait annoncé que les donateurs s'étaient en outre engagés à fournir une subvention annuelle de 1,500 francs pendant deux ou trois années pour aider la ville à entretenir dans un état convenable le bâtiment, qui avait été assez mal construit. Il est probable que cet engagement n'a pas été tenu, car on ne trouve que dans le budget de 1854 traces de ce versement de 1,500 francs.

Voici les articles principaux de cette donation, où les donateurs, en réalité, retiennent tout, ne donnent rien :

Le 24 février 1853, MM. Redon, curé de Brioude, et Cussinel, ancien curé de Brioude, font donation à la ville de Brioude, représentée par le maire Andrieux : M. Redon de la somme de dix mille francs, et M. Cussinel d'une propriété située sur le boulevard, dans laquelle se trouve construit l'établissement des Frères de l'école chrétienne... La donation est faite aux charges, clauses et conditions suivantes, sans lesquelles elle n'aurait pas eu lieu :

La commune de Brioude demeure expressément tenue de continuer à perpétuité la destination dudit

établissement des Frères des écoles chrétiennes, et
d'entretenir en conséquence dans la ville de Brioude
une école primaire communale gratuite, dirigée par
les Frères des écoles chrétiennes de l'abbé de Las-
salle. Dans le cas où, contre toute attente, l'institution des Frères cesserait d'exister ou qu'elle ne vou-
drait ou ne pourrait donner absolument son concours
à cet établissement tel que la présente donation le
comporte, monseigneur l'évêque du Puy ou ses successeurs, de concert avec l'administration municipale
de Brioude, choisiront des instituteurs parmi les
congrégations religieuses reconnues par l'Etat, en se
conformant d'ailleurs aux lois en vigueur; enfin, mais
seulement alors à défaut d'instituteurs religieux, la
ville de Brioude pourra faire choix de maîtres sécu-
liers, mais ils devront être agréés par monseigneur
l'évêque. Dans aucun cas, la ville de Brioude ne
pourra laisser l'établissement fermé ni lui donner une
autre destination que celle d'école purement gratuite
pour l'instruction de la jeunesse...

Les donateurs, on le voit, comptant bien que les
congréganistes seraient éternellement les maîtres de
l'instruction primaire dans la ville de Brioude comme
partout, faisaient cadeau d'une propriété importante,
comprenant bâtiments, cour et jardin, et d'une somme
de dix mille francs pour l'aménagement, la restauration, les réparations du local. Mais les Frères, qui y
étaient déjà logés et donnaient l'instruction primaire
sans être rétribués, en payant les frais d'entretien,
d'ameublement, les impôts, y resteraient logés à
perpétuité sans plus avoir à payer des frais d'aucun
genre pour réparations, mobilier, impôts, et seraient

de plus, rétribués largement par la ville comme instituteurs communaux... il n'est pas un seul propriétaire qui à de pareilles conditions ne cède tous ses
biens. Heureusement, la loi sur la laïcisation est
venu renverser tout cet échafaudage, en expulsant les
congréganistes de toute ingérance dans l'instruction
à tous les degrés.

Le premier serment prêté par le conseil était devenu insuffisant, l'empire étant fait. Le 15 mars, tous
ses membres jurèrent avec la même ardeur obéissance à la constitution et fidélité à l'empire. Ces
messieurs faisaient beaucoup de projets sur le papier :
abattoir, halle, ils devaient tout donner à la ville.
Des rapports accompagnés de plans dressés par des
ingénieurs, des architectes, étaient présentés au conseil. En définitive, ils n'ont rien fait du tout, qu'une
maisonnette (qu'il fallut reconstruire) pour loger le
concierge au cimetière qui fut alors planté ; un puits
sur le chemin de St-Flour, où l'abbé Paramel découvrit, sans être sorcier, une source qui n'a servi
qu'à alimenter les bains du docteur Andrieux ; et les
quatre murs d'un bâtiment qui devait être annexé au
collège et est resté inhabitable, inoccupé, jusque sous
notre administration. C'est dans cette construction
que fut enfoui le capital de 24,000 francs de la rente
léguée au collège par M. de St-Vallier, en juin 1762.

Pendant les jours de cette terreur qu'on pourrait
appeler la *terreur verte,* pour la distinguer de la
terreur blanche, celle des royalistes, le suffrage universel, dans la Haute-Loire comme partout, était non
plus mutilé, mais atrophié. Il ne fonctionnait que
comme une machine de vote, dont le gouvernement

faisait mouvoir tous les ressorts. Menaces, intimi-
dations contre les électeurs qui croyaient devoir
s'abstenir, poursuites, vexations contre ceux que l'on
soupçonnait avoir mis ou simplement voulu mettre
un bulletin d'opposition dans les urnes, qui étaient à
double fond et où l'on faisait voter les absents, même
les morts, achats de voix par des places, des croix,
des promesses, des subventions aux communes bien
pensantes : tout était mis en œuvre pour obtenir les
suffrages que chaque circonscription avait à fournir,
pour que leurs fonctionnaires fussent bien notés, ré-
compensés.

Voici dans nos cantons, les résultats du plébiscite
que fit l'empire.

Cantons	Inscrits	Votants	Oui	Non	Nuls
Auzon	3,553	2,522	1,830	647	45
Blesle	1,566	1,180	633	514	33
Brioude.	4,656	3,383	1,954	1,381	48
La Chaise-Dieu.	2,735	1,627	1,299	308	25
Lavoûte-Chilhac	2,557	1,790	1,260	314	16
Paulhaguet	4,432	2,210	1,928	263	30
Pinols	1,500	750	681	67	2
Totaux . . .	20,999	13,462	9,585	3,494	199
Arr. du Puy . . .	34,879	25,220	23,690	1,331	199
— d'Yssingeaux	22,702	16,179	14,640	1,487	52
Total . . .	78,580	54,861	47,915	6,312	450

Ville de Brioude : inscrits, 1,355 ; trouvés dans
l'urne, 933 ; oui, 921 ; non, 3 ; abstentions, 431. Il est
inutile de dire que l'urne avait passé la nuit dans
une salle de la mairie scellée du sceau des assesseurs,
qui s'entendaient tous comme larrons en foire. C'é-

taient MM. Montalban, Gallice Lazare, Gauthier, Pouzol.

Dans la Haute-Loire, le plébiscite de décembre avait donc, on le voit, été voté par 50,000 oui contre 8,736 non, 25,000 abstentions.

Les bonapartistes triomphèrent comme d'une grande victoire de ce résultat, qui contrastait d'une manière si étrange avec celui des scrutins d'avant le coup d'Etat.

Le 11 janvier, une fête, dite *nationale* par le maire Andrieux, eut lieu à Brioude. Nous en empruntons le récit, en n'en prenant que le dessus de la hotte, au journal de Gallice :

« Le 10, à deux heures, trois cents vieux serviteurs de l'empire (vieilles culottes de peau, ratatinées ou moisies), se pressaient sur la place de l'Hôtel-de-Ville. Il n'y avait là que de vieux serviteurs de l'empire. Ce beau titre effaçait tous les autres. A deux heures, le maire Andrieux a paru, flanqué de ses deux adjoints, MM. Gauthier et Rozier, et a été accueilli par les cris de vive Napoléon ! Il a prononcé une allocution où nous ramassons ces phrases :

« L'empereur est mort, mais Napoléon vit toujours ;
» l'aigle a été foulée aux pieds, mais l'aigle vient de
» se relever : 7,500,000 voix l'ont voulu. La France
» était en péril, Napoléon est venu la sauver. Aujour-
» d'hui, comme de votre temps, comme toujours,
» Napoléon sera le mot de ralliement de la France.

» Vous avez raison, braves soldats, Napoléon n'était
» pas mort ! Salut donc à Napoléon ! Salut à l'aigle
» de la victoire ! Cette aigle, je vous la livre : c'est
» l'emblême de la victoire et de l'honneur.

» Faux amis du peuple, prenez garde ! Cet oiseau
» voit de loin, et il lance la foudre.

» Honneur aux vieux soldats de l'empire. »

» A peine ces mots étaient-ils prononcés qu'un
drapeau surmonté d'une aigle et une aigle immense,
perchée sur un brancard décoré de drapeaux et de
feuillage, ont paru à côté du maire (placé jusqu'alors
entre deux des oies qui avaient sauvé le capitole).
(Enthousiasme général.)

» La colonne a fait le tour de la ville, portant en
triomphe son aigle immense (souvenir de l'oiseau de
carnage que Louis-Napoléon avait juché sur son chapeau à Boulogne).

» Le lendemain, il y a eu revue, messe, banquet,
bal. C'est le cirier Baudouin qui a harangué ces trois
cents vieux débris, qui avaient été, dit-il, aux Pyra-
mides, à Milan, Moscou, Berlin, Vienne et Austerlitz
guidés par Napoléon, et marchant à la suite de son
aigle triomphante, que l'Autriche n'a jamais pu regarder en face. Il a rappelé avec une rare modestie
qu'après avoir été l'un des maîtres du monde il était
rentré dans l'obscurité (bien qu'il fût fabricant de
chandelles).

» A l'église, où tous les fonctionnaires en grande
tenue se sont rendus de la sous-préfecture, entre la
double haie de nos trois cents spartiates, les prêtres
ont entonné le *Domine salvum fac Napoleonem* et le *Te
Deum*, chantés par le *lutrin* et les frères des écoles
soutenus par le cornet de leur chef.

» Une riche quête au profit des pauvres a été faite
par Mmes Rochette et Andrieux, accompagnées de
MM. Fournier, ingénieur des ponts et chaussées, et
Vital, lieutenant de gendarmerie, en grande tenue.

» A la rentrée du cortège la grande aigle a été

placée à la façade de l'Hôtel-de-Ville, d'où elle sem
blait planer sur la foule. A midi, une surprise atten.
dait les vieux soldats (qui n'avaient pas pris la goutte).
Ils ont été conduits dans la grande salle du collège
où était servi un banquet organisé par les soins de
l'administration municipale (des pékins y avaient été
invités). A côté du riche habit noir se voyaient les
habits en lambeaux des vieux soldats dans la misère.
Mais tous mangeaient avec le même appétit, la même
satisfaction, les yeux ne cessant de se tourner vers le
buste de l'empereur placé au fond de la salle.

» Au dessert, entre deux chansons de circonstance,
l'avocat Paul Maigne (ancien garde d'honneur au quatrième régiment, dont toutes les campagnes consistaient dans celle qu'il avait faite dans l'hôpital en
allant rejoindre l'armée) prit le premier la parole pour
dire : « Voilà nos aigles ! En les regardant, vos yeux
» se remplissent de larmes (c'était après boire). Lais-
» sez-les couler ; ce sont des larmes de bonheur.
» Soyez fiers de ce que les vieilles traditions ont su
» si bien inspirer vos héroïques successeurs. Ils
» viennent de se rendre dignes de leurs aînés. Comme
» eux, ils ont sauvé le pays ; comme eux, ils sont les
» véritables enfants de la France. »

» Le sous-préfet Rochette a bu à Louis-Napoléon,
qui a si courageusement terrassé l'anarchie et nous a
préservé de la guerre civile. Le procureur Rouffy a bu
aux vieux soldats de l'empire, dont la jeune armée a
suivi les traces. Les pères ont écrasé les ennemis du
dehors ; les fils ont écrasé les ennemis du dedans.

» Enfin, pour le bouquet, le maire Andrieux a jeté
sa douche de fiel. « Comme premier administrateur
» de cette ville, s'écria-t-il, je dois être son organe
» dans une réunion solennelle. Il y a quelques jours,

» plusieurs points de la France ont été le théâtre de
» désordres ; le sang a coulé ; des crimes atroces ont
» été commis par des forcenés (ce n'est pas des ba-
» dingueuzards qu'il a voulu parler). Quoique miné
» par de vils intrigants qui avaient su attacher à leurs
» tristes doctrines quelques malheureux sans discer-
» nement, en excitant leurs passions les plus basses,
» malgré les bravades et les mauvaises intentions des
» ennemis de la société, notre pays n'a eu à déplorer
» aucun excès. Nous devons ce bonheur à M. Rochette,
» sous-préfet, à M. Rouffy, procureur, à M. Vital,
» lieutenant de gendarmerie, et à ses braves gen-
» darmes. Au nom de la ville de Brioude, de l'arron-
» dissement, je prie ces messieurs de recevoir les
» remerciements que mérite leur belle conduite. Ils
» ont bien mérité du pays. » (Applaudissements en-
thousiastes. Ambrassades générales. — Cris de : vive
le sous-préfet ! Vive le procureur ! Vive le lieutenant !
vive les bons gendarmes.)

» Le soir, illuminations, transparents, aigles partout. A neuf heures, bal dans la grande salle de l'hôtel-
de-ville, décorée de trophées. Au milieu d'une auréole
de lumière, une nouvelle aigle tenait dans son bec les
7,500,000 oui du plébiscite. Les honneurs étaient faits
par les commissaires Andrieux, Rozier, Rothiacob,
receveur des finances, Fournier, Duclaux, greffier,
Émile Maigne, fils de Paul. Une quête a été faite par
Mme Rozier, accompagnée de M. Gimbert, officier de
recrutement, en faveur de la gendarmerie.

» Les vieux soldats de nos campagnes, ajoute en
terminant l'auteur de la motion, qui est probablement
le maire Andrieux, qui ont été appelés à prendre part
à cette fête en parleront longtemps dans leurs veil-
lées. »

C'est une variante de la *Chanson du Petit Caporal* :

On parlera de sa gloire
Sous le chaume bien longtemps.

Ces sinistres farceurs, qui glorifiaient ainsi le César de nuit qui venait de noyer dans le sang la République et envoyer à la mort sèche, à Cayenne, Lambessa, ou de jeter sans ressources sur la terre étrangère des milliers de républicains, ont bien mérité d'être cloués au pilori comme complices du coup d'Etat et de tous les crimes du misérable empereur qui a livré la France à la Prusse.

Pendant les premières années de l'empire, le suffrage universel, sophistiqué, violenté, était devenu une mauvaise plaisanterie que personne ne prenait au sérieux. La candidature officielle s'épanouissait cyniquement dans les élections de tous genres sous le patronage des fonctionnaires de tous rangs, qui employaient les menaces, les promesses, l'intimidation, les places, l'argent pour faire tomber dans des urnes à double fond, parfois dans des soupières, comme, même en 1869, le fit le procureur général du Miral dans l'Allier, des bulletins de complaisance et de peur ; elle ouvrait seule la porte des assemblées électives.

Personne ne voulait lutter contre les candidats du pouvoir, se sachant d'avance vaincu. Des électeurs, les plus courageux s'abstenaient, ce qui ne les empêchait pas de voir souvent leurs noms figurer sur les listes d'émargement, car les maires audacieux faisaient voter tout le monde, les morts même comme les absents. Les timides portaient un billet blanc qui, sous la baguette de ces maires, pendant la nuit où l'urne restait déposée à la mairie, se transformait en bulletin de vote agréable. Aussi, c'était presque à l'unanimité que les candidats de l'empereur étaient élus.

Cinq députés seulement représentèrent l'opposition pendant cette longue nuit ; c'étaient Jules Favre, Ernest Picard, Henon, Emile Ollivier et Darimon, que Paris et Lyon envoyèrent au corps législatif, malgré tous les moyens que le gouvernement impérial mit en œuvre pour faire triompher ses candidats. Les deux derniers, Ollivier, le ministre au cœur léger, et Darimon, l'homme à la culotte, devaient se rallier plus tard avec éclat à l'empire.

Les élections pour le corps législatif, en 1852, se firent dans les mêmes conditions que le vote pour le plébiscite. Les candidats officiels furent partout, sauf à Paris et à Lyon, nommés à l'unanimité, sans concurrents.

Dans la Haute-Loire, les candidats officiels furent et restèrent pendant tout l'empire, le baron de Romeuf, pour la circonscription comprenant l'arrondissement de Brioude en entier et les cantons de Craponne, Saugues, Tence, Saint-Paulien, le Puy (nord-ouest), Cayres, Solignac, de l'arrondissement du Puy ; le marquis de la Tour-Maubourg, pour les autres cantons du Puy, y compris celui du Puy (sud-est), et l'arrondissement d'Yssingeaux.

M. de la Tour-Maubourg eut 23,801 voix sur 26,739 votants. M. Mathieu, autre bonapartiste, 2,901 ; abstentions, 13,408.

M. de Romeuf obtint, dans sa circonscription,

14,248 voix sur 14,567 votants; abstentions, 7,484.
Dans le canton de Brioude, 3,098 sur 3,262 votants;
abstentions, 1,174. Brioude, 950 sur 1,015 votants;
abstentions 340.

Le maire Andrieux, lorsqu'il présidait le bureau
électoral, avait sur la table une liasse de bulletins
qu'il mettait dans l'urne pour la plupart de ceux qui
ne venaient pas voter, et dont on émargeait les noms
comme s'ils étaient présents.

CHAPITRE III

POURSUITES CONTRE LES RÉPUBLICAINS
A L'OCCASION DE LA MACHINE INFERNALE
DE MARSEILLE

On aurait pu croire qu'après leurs victoires dans la rue et au scrutin, nos réactionnaires laisseraient en repos les républicains, sur la tête desquels avaient grondé les foudres décembristes sans les frapper. Il n'en fut rien.

La police, dans notre département, les ramassa au demi-cercle, par une de ces accusations renouvelées de Laubardemont disant qu'on pouvait faire pendre un homme avec une ligne de son écriture.

Un complot avait été organisé par la police pour pré-parer l'avènement à l'empire du plagiaire de son oncle, (oncle de nom au moins). Le fils de la reine Hortense voulait, comme le premier Napoléon qui, après le 18 brumaire, s'était fait nommer d'abord consul à temps, puis consul à vie, enfin empereur, échanger son titre de président de la République contre celui d'empereur. Il s'était décidé à se faire voir à ses futurs sujets. Ce fut à Marseille qu'il dirigea d'abord *ses pas majestueux*. Il fallait chauffer l'enthousiasme des populations, qui restaient froides sur son passage. Le besoin d'une machine infernale fabriquée par des républicains, pour faire sauter dans son wagon l'empereur en herbe, se faisait sentir. Elle fut inventée de toutes pièces par les agents secrets de l'Elysée, mais n'éclata pas, bien entendu. Seulement, deux des prétendus fauteurs ou complices du prétendu attentat, auquel avait échappé par miracle de la providence le sauveur de la société, furent emprisonnés. Des mandats d'arrêt furent lancés dans un grand nombre de villes; les visites domiciliaires recommencèrent sur une grande échelle.

L'ancien rédacteur de l'*Ami du peuple,* au Puy, Audiard-Bonnet, avait reçu du capitaine Bidon, au moment où celui-ci partait de Marseille pour la Corse, une lettre dans laquelle cet officier, à lui redevable de quelque argent, lui mandait, en lui adressant ses compliments sur sa sortie de prison, *qu'il lui faisait passer des livres, mais ne pouvait lui envoyer le reste,* ajoutant : *quand je serai arrivé dans les steppes des sauvages du futur empereur, je vous donnerai communication de ma position et d'autre chose.*

La magistrature, la préfecture, l'administration du chef-lieu découvrirent dans cette phrase la preuve que le capitaine était instruit du complot et devait prévenir les républicains du Puy de sa réussite. Une commission rogatoire fut envoyée en Corse contre lui. Au Puy, le nouveau préfet, M. de Vougy, pour se mettre à la hauteur de son prédécesseur, Girard de Villesaison, président de la commission mixte, donna ordre au procureur Delair de faire des visites domiciliaires chez tous les hommes connus pour être hostiles au gouvernement, et de ne pas hésiter à les arrêter si on trouvait des indices graves.

Convoqué à la préfecture avec le procureur, le baron Reynaud, maire du Puy, qui suivait alors toutes les processions, contribua plus que personne à dresser la liste des suspects. Dans le chef-lieu et les cantons voisins, des perquisitions furent faites par les jugeurs, accompagnés de la gendarmerie, au Puy, chez Breymand, Chouvy et Monnier, anciens représentants, Paulet, maître d'hôtel, Polydore Fabre, Solvin, Lavastre, André aîné, Ganirol, que dans un rapport de police on appelait *boudinier,* parce que, y était-il écrit, il veut *boudiner* avec le sang des chrétiens, Audiard-Bonnet ; dans les environs du Puy, chez Chaurand, à Talobre ; Arsac, au Monastier ; Edmond Lobeyrac, à Ceyssac. A Saugues, chez Alphonse Limozin ; à Craponne, chez Jouve, encore en Afrique ; à Yssingeaux, chez André Florian, le docteur Charreyre, Darles, alors réfugié en Belgique ; à Saint-Pal-en-Chalencon, chez Chovelon, ancien représentant, Vassel, le docteur Dance, Foucherand, Chavanon ; à Monistrol-sur-Loire, chez le docteur Mouret, Gourgaud, Gagnère, pharmacien.

Une lettre de mon frère, trouvée dans la perquisition faite chez Audiard-Bonnet, déchaîna l'orage sur l'arrondissement de Brioude, ainsi que nous le verrons bientôt. A cette époque, j'apprenais ainsi en Belgique cette recrudescence de basses œuvres policières.

M. le procureur Delair, qui avait fait ses preuves à Yssingeaux aux jours du coup d'Etat, a voulu se distinguer au Puy. Le substitut Deroure s'est conduit dans les visites domiciliaires qu'il a faites dans notre maison, comme un argousin ivre, et a osé mettre la main sous les matelas du lit où était couchée ma mère malade et dont les émotions que lui ont causées après la proscription d'un de ses fils, l'arrestation de l'autre, ont hâté la mort. Le procureur impérial de Brioude, nommé Messence, a laissé faire.

Le but que voulaient sans doute atteindre nos fonctionnaires, en retenant en prison quelques citoyens de la Haute-Loire connus pour leurs opinions républicaines par les dernières élections municipales, est facile à comprendre. Nos petits pachas avaient cru voir que dans beaucoup de départements l'esprit public n'était pas à la hauteur de l'enthousiasme politique voulu, et pour le napoléoniser afin d'assurer au vote de l'empire une immense majorité de suffrages, ils n'avaient rien trouvé de mieux que de faire de l'intimidation, de la terreur. De là cette trombe de visites domiciliaires, d'arrestations, d'expulsions, qui a éclaté sur la France entière, au moment où l'homme de Décembre parcourait son futur empire, au milieu de ses esclaves, de ses licteurs, de ses policiers, qui pour le rendre plus intéressant, avaient préparé une machine infernale qui devait faire long feu, mais beaucoup de bruit. Cela explique ce qui s'est passé alors dans la Haute-Loire. Empoigner sous le moindre prétexte quelques-uns des suspects de non napoléonisme étant un des premiers devoirs des autorités de chaque pays; dans la Haute-Loire mon frère et Audiard-Bonnet ont payé pour les autres.

Audiard-Bonnet, ancien rédacteur de *l'Ami du Peuple,* avait déclaré à la réaction une rude guerre et fait une propagande si active dans les campagnes, que s'il n'avait pas été en prison pour délit de presse au 2 décembre, il aurait été infailliblement envoyé à

Lambessa. On a été heureux de le reprendre et de se venger du passé.

Mon frère était venu me voir en Belgique et venait d'être nommé membre du conseil municipal de Chabreuges, après avoir refusé de prêter serment. Bien qu'il ne se fût jamais mêlé à la politique active, s'occupant avec autant de goût que de succès d'horticulture et d'agriculture, il avait été jugé assez influent, assez dangereux, pour servir d'exemple.

Breymand et Chouvy auraient bien mieux fait l'affaire des gens du pouvoir, mais malgré la bonne volonté des vainqueurs, nos deux collègues qui n'avaient pas d'ennemis personnels au Puy, n'ont pas été compromis. Ils n'ont même pas eu à se défendre, quoique ayant été accusés par un journal du crû, d'être allé *présider à Brioude des conciliabules nocturnes, passer la revue de sociétés secrètes, manger en repas, avec les frères et amis, les restes de leurs vingt-cinq francs par jour.* La visite de deux heures qu'ils étaient venus faire à ma famille après l'arrivée de mon frère en France, pour lui donner un témoignage de sympathie et d'affection, apprendre des nouvelles de leurs amis de Belgique, ne put être transformée en voyage politique ; les lâches délateurs, en cela du moins, en ont été pour leur honte.

Mon frère Ernest, pour donner du courage à Audiard, qui paraissait péniblement préoccupé de sa position, lui avait écrit, à la suite de détails relatifs à une petite somme que lui devait l'ancien rédacteur de l'*Ami du Peuple,* la phrase suivante : « les exilés sont toujours pleins d'espoir, non-seulement pour l'avenir mais encore pour des temps moins éloignés que ne semble le faire prévoir l'état de choses actuel. Il faut espérer que peu à peu la lumière se fera; que la conduite de tous ces brigands sera dévoilée et que le châtiment ne se fera pas attendre. »

Les gens de l'empereur avaient trouvé dans l'espoir qui était manifesté de voir le crime bientôt puni, la preuve que mon frère était instruit aussi qu'une machine infernale se fabriquait à Marseille pour faire sauter Louis-Napoléon dans son voyage, et ils voulaient que ces mots : « le reste et autre chose, » fissent allusion à quelques canons de la fameuse machine.

Dans leurs perquisitions, ils avaient trouvé chez nous et chez Audiard des lettres de Chouvy, de Perrein, de Darles, où le coup d'Etat, ses pourvoyeurs, ses agents n'étaient pas glorifiés sans doute, et quelques vieilles chansons républicaines. C'est sur tout cela que fut broché un complot de complicité dans un attentat contre Louis-Napoléon.

Mon frère, sur le vu de cette lettre, fut immédiatement décrété d'accusation avec Audiard-Bonnet, comme complice du complot de Marseille.

Nous reproduisons ici *in extenso* les procès-verbaux des perquisitions cyniques opérées dans la maison de mon père.

A l'heure qu'il est, presque tous ceux qui y ont coopéré sont morts. Nous ne connaissons, encore vivants, que deux des fonctionnaires de cette époque qui ont été mêlés à ces infâmies : le substitut Deroure, encore juge au tribunal de Thiers, — on voit comment la magistrature impériale a été épurée sous notre bénigne République; — et le sous-préfet d'alors, Tony Rochette, qui touche toujours du gouvernement républicain son traitement de disponibilité.

« L'an mil huit cent cinquante-deux et le trente septembre,

Nous, François Thomas Bernet-Rollande, juge d'instruction au tribunal de l'arrondissement de Brioude, assisté de Joseph-Théodore Duclaux, greffier,

Vu la commission rogatoire à nous adressée par le juge d'instruction de l'arrondissement du Puy, en date du vingt-neuf du présent,

Après avoir donné communication de ladite commission à monsieur le procureur de la République près ce siège ;

En exécution de ladite commission, nous nous sommes transporté, accompagné de M. Deroure, substitut du procureur de la République à Brioude, et du maréchal-des-logis de gendarmerie et du gendarme Barraud, de la brigade de Brioude, en la maison de M. Jean-Baptiste de St-Ferréol père, sise en cette ville, dans laquelle habitait M. Ernest St-Ferréol, son fils, inculpé, où étant, sur les dix heures du matin, nous avons trouvé mondit sieur St-Ferréol père, dame Joséphine Vaissier, son épouse, et M. François-Guillaume-Alphonse Baduel, leur neveu, habitant de la ville de Saint-Flour ;

Après leur avoir fait connaître l'objet de notre mission, nous les avons requis de nous suivre dans les divers appartements de la maison, à l'effet d'assister à la recherche que nous allions faire et à la saisie, s'il y avait lieu, de toutes lettres, papiers, emblêmes ou tous autres objets qui par leur nature, porteraient à penser qu'Ernest St-Ferréol fils aurait participé au complot indiqué dans ladite commission rogatoire, ayant pour but un attentat contre la vie du prince Louis-Napoléon, président de la République, à laquelle réquisition lesdits sieur et dame de St-Ferréol ont obtempéré et immédiatement nous avons procédé en leur présence aux visites et perquisitions dont il s'agit ainsi qu'il suit :

Dans la chambre à coucher de madame de St-Ferréol, nous avons fait ouvrir le secrétaire et nous avons examiné tous les tiroirs et parmi les objets qui y étaient contenus, nous y avons saisi comme pouvant se rattacher plus ou moins à l'objet de notre mission :, 1° une chanson politique, imprimée, intitutée : *le rêve d'un républicain;* 2° une autre chanson politique, manuscrite, commençant par ces mots : *Nous avons dans notre pays le plus brave homme de France,* et terminant par ceux-ci : *que l'on verra la danse;* 3° une autre chanson politique, également manuscrite, commençant par ces mots : *Bons villageois, votez pour la Montagne,* et finissant par ceux-ci, *et de l'argent à deux au plus du cent;* 4° une lettre adressée au citoyen St-Ferréol par les membres de la commission administrative des secours destinés aux familles des détenus politiques, en date du 5 février 1850. Lesquelles pièces nous avons cotées et paraphées, *ne varietur,* par première et dernière.

Dans la même chambre nous avons fait ouvrir les placards ainsi que les tiroirs de table, et nos recherches ont été sans résultat.

Nous nous sommes également livré à des perquisitions minutieuses dans tous les autres appartements de la maison, notamment dans les chambres à coucher de MM. Amédée et Ernest de St-Ferréol, dans les vestibules et cabinets de toilette, et enfin dans le cabinet de M. de St-Ferréol père, et après avoir visité les bibliothèques et tous les meubles desdits appartements, nous n'y avons rien trouvé qui nous ait paru de nature à être saisi.

Etant dans le cabinet de M. de St-Ferréol père, nous lui avons demandé les lettres qu'il peut avoir reçues dans les derniers temps, de M. Amédée St-Ferréol, son fils, il nous a dit n'en avoir pas reçu personnellement. Nous avons adressé la même demande à madame de St-Ferréol, laquelle nous a représenté une lettre qu'elle a reçue et qui est datée de Bruxelles le 26 septembre 1852. Lecture faite de cette lettre, elle nous a paru de nature à être saisie et nous l'avons cotée et paraphée pièce cinquième.

Nous avons clos cette partie de notre procès-verbal que nous avons signé avec les personnes ci-dessus dénommées, à l'exception de madame de St-Ferréol qui n'a pu signer à cause de l'état de faiblesse dans lequel elle se trouve momentanément, après lecture faite du présent procès-verbal.

De là nous nous sommes transporté, accompagné de M. de St-Ferréol père, de M. Baduel, de M. le substitut du procureur de la République, et assisté du greffier, au jardin de M. St-Ferréol père, habituellement cultivé et dirigé par M. Ernest de St-Ferréol, ledit jardin situé dans la commune de Brioude, quartier de Champanne, où nous avons trouvé l'agent de police Antoine Pierre et le gendarme Suttel, que nous avions envoyés précédemment pour garder les issues dudit jardin pendant que nous visitions la maison St-Ferréol.

Nous avons fait des perquisitions dans les bâtiments et dans les serres dudit jardin où nous n'avons rien trouvé de nature à être saisi.

De ce que dessus nous avons dressé le présent procès-verbal, que nous avons signé avec les personnes qui y sont dénommées après lecture faite. »

« Aujourd'hui, premier octobre mil huit cent cinquante-deux,

Nous, François Thomas Bernet-Rollande, juge d'instruction au tribunal civil de l'arrondissement de Brioude, assisté de Joseph-Théodore Duclaux, greffier, procédant toujours en exécution de la commission rogatoire à nous donnée par le juge d'instruction du tribunal civil de l'arrondissement du Puy, en date du vingt-neuf septembre dernier;

Attendu que les perquisitions par nous faites, ainsi qu'il résulte de nos procès-verbaux sous la date d'hier trente septembre, soit dans la maison appartenant à la famille de St-Ferréol, sise à Brioude, soit dans le jardin situé dans la même ville, quartier de Champanne, n'ont pas amené la découverte de lettres qui auraient été adressées audit Ernest St-Ferréol par le sieur Audiard-Bonnet;

Avons envoyé le gendarme Huot, de la brigade de Brioude, au domaine du Bouchet, situé dans la commune de Saint-Laurent-Chabreuge, appartenant à M. de St-Ferréol père, à l'effet d'en garder les issues jusqu'au moment de notre arrivée audit domaine, où nous nous proposions de nous transporter.

Nous avons ensuite fait prévenir les sieur et dame de St-Ferréol que nous nous proposions d'aller faire immédiatement des perquisitions dans ledit domaine; les requérant de nous y faire accompagner dans cette visite, ils se sont fait représenter par M. François-Guillaume-Alphonse Baduel, leur neveu.

En conséquence, sur les huit heures du matin, accompagné de M. Deroure, substitut du procureur de la République, et dudit sieur Baduel, nous nous sommes transporté au domaine du Bouchet, où nous avons trouvé le gendarme Huot.

Nous avons aussitôt fait ouvrir successivement les diverses pièces composant les bâtiments de ce domaine;

nous avons procédé à la visite de toutes lesdites pièces, ainsi que des placards, armoires, tiroirs, commodes, secrétaires. Nous avons vérifié tous les papiers que nous y avons trouvé, et qui pouvaient appartenir aux différents membres de la famille de St-Ferréol, et particulièrement à Ernest St-Ferréol, inculpé.

Nos recherches n'ont amené la découverte d'aucunes lettres émanées du sieur Audiard-Bonnet, ni d'aucun autre papier, emblêmes ou objets de nature à être mis sous la main de la justice.

Nous avons itérativement fait connaître à M. Baduel, mandataire de la famille de St-Ferréol, la lettre écrite de la geôle du Puy, sous la date du vingt-neuf septembre dernier, par le sieur Audiard-Bonnet au sieur Ernest de St-Ferréol, ladite lettre jointe à notre commission rogatoire, par laquelle ledit Audiard-Bonnet réclame la remise entre les mains de la justice d'une autre lettre par lui adressée, du premier au cinq septembre dernier, à Ernest de St-Ferréol, après le retour de ce dernier de la Belgique. — A quoi M. Baduel a fait la même réponse qui nous a déjà été faite hier par les sieur et dame de St-Ferréol, à savoir qu'il ne leur a jamais été donné connaissance par Ernest de St-Ferréol d'aucunes lettres qu'il aurait reçues dudit Audiard-Bonnet.

De tout quoi nous avons dressé le présent procès-verbal, que nous avons clos au domaine du Bouchet à onze heures du matin, les jour, mois et an que dessus. En présence de M. Deroure, substitut, de M. Baduel et du gendarme Huot, qui ont signé avec nous et le greffier, après lecture faite. »

Dans notre arrondissement de Brioude, ceux qui eurent l'honneur des visites domiciliaires furent, à Brioude, Allemand, Boyer, teinturier, Gresse fils, Pouyet, Francolon, tailleur, A. Beraud, Jean Faugère, Julien Lamothe, Charles Vidal, Triouiller ; à Auzon, Passemard, Bellisson, Boisson, Mlle Lançon, sœur du conseiller Dumolin ; à Lempdes, le docteur Charreyre, Saphy, Comptour (de Besse), Marion (de Rilhac) ; à La Chaise-Dieu, Badal, Pellet, Flauraud ; à Paulhaguet, Garry, chapelier, Fouret, cordonnier, Vigier, surnuméraire ; à Langeac, Servant-Faye, Servant André, Marin, Delhorme, Soulage, Tronchère, Ch. Pascon, Clavier, Gay, sellier, Ravoux, Dumont, Carrière, ancien professeur du collège de Brioude, accusé cependant d'avoir dénoncé Bardolet ; à Blesle, Francisque Maigne, ancien représentant, Merle, limonadier, Francon ; à Lavoûte-Chilhac, Colomb, Chazelède ; à Sainte-Florine, Augier ; à Vieille-Brioude, Tourrette Annet ; à Tapon, Dufaut. J'en ai peut-être oublié quelques-uns.

Dans une des maisons perquisitionnées on trouva, à côté les uns des autres, les portraits de St-Ferréol, de Jules Maigne, de la sainte Vierge, de sainte Philomèle, de Ledru-Rollin, de Jésus-Christ, et un buste en plâtre de Napoléon. On fit partout une razzia de nos portraits.

Dans nos cantons, les juges de paix, ou de pied comme les appelait Toussaint Bravard, se distinguèrent par leurs procédés d'inquisition.

A La Chaise-Dieu, Momège se conduisit d'une manière indigne dans les perquisitions qu'il fit chez les suspects de sa ville, principalement chez Badal, accompagnant Mme Badal jusque dans les latrines pour la surveiller. Ravaisse, à Blesle, bouleversa à plusieurs reprises la maison où habitait, seule, Mme Maigne, fouilla et emporta lui-même les lettres et papiers de cette dame, fit creuser le jardin et la cave de Merle, limonadier, dont la femme était malade, pour y chercher des pièces de culpabilité. Langlade, juge de paix à Auzon, et médecin des urines à Champagnac, fit enfoncer en plein jour les portes de Passemard, qui n'était pas chez lui, et se conduisit partout avec brutalité.

Tous les autres se sont plus ou moins distingués par des exploits du même genre.

Dans leurs rapports, que nous avons sous les yeux, ces juges de paix disent que si les perquisitions n'ont rien fait découvrir de suspect, c'est que les républicains, qui appartenaient à des sociétés secrètes, avaient eu le temps d'être prévenus, mais pouvaient bien être complices de l'horrible complot découvert à Marseille.

Ce fut le juge d'instruction Thomas qui fit l'instruction de ce regain des journées de Décembre.

Toutes ces perquisitions et visites domiciliaires n'amenèrent aucun résultat, ne firent découvrir aucune pièce compromettante, ce qui aurait été difficile puisqu'il s'agissait d'un complot imaginaire. Mon frère et Audiard-Bonnet furent seuls mis en état d'arrestation. Le sous-préfet Rochette avait donné à la gendarmerie, par une lettre officielle, les ordres nécessaires pour que mon frère fût transféré, pendant la nuit, dans la prison du Puy.

C'était le préfet de Vougy qui avait ourdi la trâme, mais il voulait laisser ignorer qu'il en était l'agent.

On aurait trop vu les ficelles. Les procureurs de Brioude et du Puy voulaient lui en laisser l'honneur ou la responsabilité ; aussi, la voiture dans laquelle était conduit le prisonnier, qui refusa de payer les frais de voyage, fut-elle introduite par les gendarmes de l'escorte dans la cour de la préfecture ; mais à cette nouvelle, le Vougy entra dans une fureur indescriptible, pestant, donnant des coups de poing dans les portes, tapant du pied. Il envoya voiture et gendarmes à la maison d'arrêt.

Mon frère et Audiard étaient sous le coup d'une poursuite pour complicité d'attentat contre la vie du chef de l'Etat. Etant considérés comme de dangereux prisonniers, il ne leur fut pas permis d'avoir des couteaux ; on leur permettait seulement de se servir de fourchettes en fer à leurs repas.

Ils restèrent au secret pendant toute la durée de leur détention, soumis à la promiscuité des prisonniers, mais ne pouvant communiquer ni entre eux ni avec des personnes de leur connaissance. Audiard, qui habitait le Puy, ne put voir que sa femme, et cette malheureuse fut abreuvée d'avanies pour pouvoir obtenir quelques rares communications.

Les prévenus furent enfin interrogés par le juge d'instruction, M. Bertrand, qui aux journées de décembre avait montré une certaine indépendance en arrachant au préfet quelques républicains, Abellion entr'autres, classé parmi les suspects ; mais en restant sur son siège et participant à l'instruction du complot de Marseille, il a assumé sa part de responsabilité dans les crimes de Décembre.

M. Bertrand fit, comme tous les juges d'instruction.

subir un interrogatoire assez captieux à mon frère. Celui-ci expliqua, d'une manière claire, nette, précise, le sens des mots relatifs aux prêts d'argent, et si étrangement interprêtés par la justice comme par la police ; et en ce qui concernait les passages politiques des lettres saisies, il répondit qu'il était très naturel, très légitime que les frères, les parents, les amis des proscrits fissent des vœux pour leur retour dans la patrie en manifestant l'espérance que ce retour fût prochain.

Le 11 octobre, le juge d'instruction donna l'assurance aux détenus que l'instruction était faite et n'avait rien produit. Cela résultait d'une communication du parquet de Marseille annonçant au procureur de la République du Puy « que l'instruction contre Galliard, Baker et autres, inculpés du complot de Marseille, est presque terminée, mais que dès à présent aucun indice, absolument aucun, n'est venu signaler, de près ou de loin, la participation des sieurs Audiard-Bonnet et Ernest St-Ferréol au complot découvert. Si donc il était nécessaire de faire prononcer immédiatement le tribunal du Puy sur le sort de ces deux inculpés, il parait évident qu'ils devraient être mis en liberté en vertu d'une ordonnance de non-lieu ; mais, d'après les instructions du procureur général de Riom, il faut attendre que l'instruction de l'affaire soit terminée, si vous n'avez pas reçu les éléments suffisants ou que vous soyez convaincu qu'il n'en existe pas. »

Mon frère et Audiard restèrent encore un mois en prison pour le bon plaisir de M. de Vougy ; et le parquet n'osa pas, avant le 11 novembre suivant, faire son devoir en provoquant la mise en liberté de mon frère et d'Audiard.

Enfin, l'ordonnance de non-lieu fut rendue, le 28 novembre, en ces termes :

Vu, etc. ;

Considérant qu'il n'est point établi que les inculpés aient participé comme auteurs ou complices à l'attentat dirigé le 25 septembre dernier contre la vie du prince président de la République ; que la procédure n'a révélé aucun indice de culpabilité ; que si la lettre écrite de Brioude le 25 septembre dernier par Ernest St-Ferréol à Audiard-Bonnet, et les autres pièces saisies chez ces deux inculpés, démontrent qu'il existe entre eux une communauté de sentiments, d'espérances et d'illusions coupables, en haine du gouvernement établi, de nature à éveiller la surveillance des magistrats, ces sentiments ne se formulent pas cependant dans aucun fait tombant sous l'application de la loi pénale ;

Disons qu'il n'y a lieu à suivre contre Audiard-Bonnet et de St-Ferréol Ernest, inculpés, et ordonnons qu'ils soient mis immédiatement en liberté.

Présents : MM. Dorlhac, président ; Auguste Souchon, juge ; Louis, Bertrand, juge d'instruction.

Fait au Puy, le 28 novembre 1852.

Alors mon frère fut mis en liberté et put être rendu à sa famille.

Malgré leur *bonne volonté*, nos modernes Laubardemont qui avec une ligne de l'écriture des deux accusés auraient bien pu les faire pendre, ne poussèrent pas la plaisanterie jusqu'au bout ; ils furent forcés de reconnaître qu'il s'agissait, dans la lettre d'Audiard, d'une somme de 500 francs que son correspondant lui devait, et obligés de s'avouer qu'on pouvait fort bien ne pas croire à l'éternité de l'ère des Césars sans être sorcier ou initié à des complots de police, fabriqués à Marseille ou ailleurs.

Les magistrats chargés de l'instruction d'un complot qui fut reconnu plus tard être l'œuvre de la police, écrivirent qu'aucune charge n'avait été relevée contre mon frère et Audiard. L'administration et le parquet avaient rivalisé de zèle dans toute cette affaire. Rochette, le sous-préfet de Brioude, et de Vougy, le préfet du Puy, avaient voulu trouver quelque grosse affaire criminelle, l'un pour garder sa place, l'autre pour en trouver une meilleure.

CHAPITRE IV

APRÈS LES LOMBARDEMONTS LES BASILES

A l'occasion des perquisitions faites chez nous, les journaux réactionnaires du temps annonçaient que la justice avait trouvé dans un coffre-fort un magot de 500,000 francs. Or, la justice avait rafflé dans le secrétaire de ma mère et la chambre à coucher de mon frère, tous les papiers, lettres qu'elle y avait trouvés, et qui consistaient dans quelques chansons politiques répandues partout, ma correspondance avec ma famille et la copie de la dénonciation adressée contre moi par notre procureur de la République au procureur général; mais elle n'avait découvert dans le cabinet de mon père que le billet de 500 francs souscrit par Audiard-Bonnet à mon frère, à qui le parquet ne l'a jamais rendu.

C'était, on le voit, avec les trois zéros ajoutés par eux, que ceux qui avaient lancé le canard nous faisaient cadeau de 500,000 francs, nous déclarant millionnaires.

Le canard devait faire son chemin.

Nos ennemis et même nos amis, nous supposant une fortune que nous n'avions pas, que nous ne pouvions pas avoir, n'ont jamais trouvé suffisants les sacrifices que nous avons faits à notre cause. Cette fortune, je l'ai déjà dit dans mon livre des *Proscrits,* était relativement élevée, sans doute, et nous créait une position enviable. Toutefois, si elle était liquide, bien assise, elle ne faisait pas de nous des millionnaires ou des crésus pouvant jeter l'argent par les fenêtres.

Mon grand-père n'avait exercé que des fonctions gratuites; mon père était resté jusqu'à sa retraite juge au tribunal de Brioude, aux appointements de 1,200 francs. Propriétaires de biens-fonds dont tout le monde connaissait la valeur, ils n'avaient jamais été dans l'industrie, le commerce, la banque, où il est possible de s'enrichir si rapidement. Leur fortune, ils l'avaient administrée sans prodigalité, mais sans parcimonie, en bons pères de famille, sachant en faire un emploi utile, honorable.

Ce que nos chers parents nous ont laissé, nous aurions dû le doubler par des mariages. Il n'en a rien été.

De plus, notre fortune, qui était restée telle que nous l'avions reçue jusqu'en 1869, a été sensiblement diminuée par suite de la perte de sommes importantes prêtées à des parents et des amis politiques qui, ayant fait de mauvaises affaires, ne nous les ont pas rendues, et de celles que, sans être tenus légalement de le faire, nous avons cru devoir abandonner aux créanciers du père de notre chère petite Jeanne, pour éteindre des dettes, quadruplées par les frais de banque, d'huissiers (protêts, timbre, renouvellements), qu'avait contractées dans sa jeunesse celui qui, exploité de toutes manières, alors et depuis, généreux jusqu'à la prodigalité, dépensant sans compter, a été enlevé dans la force de l'âge.

Heureusement, mon cher Ernest, par sa bonne ad-ministration, sa comptabilité si régulière, des amé-liorations dans la culture de nos terres, de nos vignes, a augmenté nos revenus de manière à ce que nous ne nous apercevions pas trop du déficit; et Georges et Claire, son fils et sa fille, trouveront dans notre succession d'une fortune honorablement acquise, les moyens de vivre honorablement en suivant les tradi-tions de notre famille.

Nous n'avions pas, nous, à subir la situation qui nous a été faite par ceux qui nous prêtaient des mil-liers d'autant plus généreusement qu'ils n'avaient rien à débourser. C'est cependant ce qui est arrivé, comme nos adversaires de tous les temps l'avaient bien prévu.

Les *bons enfants* qui dépensent en orgies, au jeu, dans les mauvais lieux, l'argent des autres bien plus que le leur, faisant de la générosité avec les fonds que leur prêtent les gogos qu'ils régalent ou font parti-ciper à leurs parties de plaisir; les républicains de pa-rade qui, âpres au gain dans l'état qu'ils ont embrassé, avides de places et d'honneur, ne cherchent qu'à s'en-richir, à accumuler sans cesse leurs revenus; qui n'ont jamais délié les cordons de leur bourse pour une œuvre de propagande, de lutte, de solidarité; jettent du bout des doigts, quand ils y sont forcés, quelques francs, pour une souscription ouverte pour faire une campagne électorale, subvenir aux misères des vain-cus, aller au secours des familles des proscrits ou des transportés, toutes ces espèces m'ont accusé, à di-verses époques, de faire un mauvais usage de ma fortune, d'être un riche égoïste, avare, sans charité, sans fraternité, que sais-je !

Eh bien ! voici le bilan des dépenses que j'ai faites pour la cause du peuple, pour la République, pour mon parti. Ces dépenses n'atteignent pas, il est vrai, celles faites par un de mes plus ardents adversaires, M. Guyot-Montpayroux ; mais on sait pourquoi et comment ont été mis à sa disposition et dévorés les 3 à 400 mille francs employés à faire triompher la candidature de celui qui devait mourir d'une façon si triste après avoir brillé d'un éclat éphémère. Personne n'ignore que c'est pour la satisfaction seule de son ambition, le succès de ses campagnes électorales, le prurit de la manie des grandeurs dont il a toujours été atteint.

DÉPENSES POLITIQUES ET ADMINISTRATIVES

Séjour de dix-huit ans sur la terre d'exil, à raison de 2,000 francs de plus par an au minimum que j'aurais dépensé en France, dans ma famille. . . 36,000 fr.

Conseil général et commission départementale 3,291

Souscriptions pour les amendes et actions de journaux, les familles des détenus et des proscrits ; subventions à *l'Ami du Peuple,* d'Audiard-Bonnet, fêtes populaires à la sous-préfecture 9,428

Impressions de brochures, feuilles détachées, ouvrages ayant trait à la politique générale, à la polémique locale, à l'histoire de notre pays, pour la défense ou l'intérêt

de la République, de notre arrondissement, de notre ville, en faisant de l'enseignement ou de la propagande, écrits
presque tous distribués gratuitement . .   11,733

Prêts qui n'auraient pas été faits en
France.   6,000

Total 66,452

Je puis fournir, par mes cahiers de notes ou de
comptes, l'exactitude des chiffres ci-dessus.

Pour le moment, je me contente de rappeler les
titres de mes écrits :

Biographie de la bergère (1841).

*Réponse d'un vieux républicain à un jeune démocrate
napoléonien* (1863).

Les Proscrits Français en Belgique (2 vol.).

Genève vu à travers l'exil.

Les tablettes du sire de Montpayroux.

Petite Histoire de l'ancien régime.

Biographie de la béate (1881).

Notices historiques sur la ville de Brioude (3 vol.)

Mes Mémoires (4 vol.)

*Lettres à M. de Marcère, ministre; à M. Labordère,
préfet; à M. Gaubert, maire; à MM. Pradier-Faurot
et Nouhen* (plusieurs); *Pro Collegio nostro.*

*Rapports sur l'école communale, le collège, l'admi-
nistration municipale.*

Guerre contre guerre, réponse à M. Jules Maigne.

*Manifestes électoraux; la réforme judiciaire; la
transformation de la prestation en nature; la réforme
électorale.*

(Pour mémoire) Articles dans *le Patriote* (de Tré-

lat), *le Peuple* (de Dupoty), *l'Abeille, le Petit Cler-
montois.*

A mes concitoyens de dire maintenant quel est, des
enfants de notre cher Brioude, celui qui a mieux servi
que moi, la République, le peuple et son pays natal.

A l'occasion de mes écrits, j'ai reçu, plusieurs fois,
des approbations dont j'ai le droit d'être fier. Elles
m'ont été données par des lettres d'Edgar Quinet,
Schœlcher, Bancel, Barbès, Louis Blanc, Joigneaux,
et autres, que je serais heureux de montrer à tous.
Aujourd'hui, cela est inutile. Je me bornerai à mettre
sous les yeux de ceux qui n'ont pas lu mon livre des
Proscrits, qui a été l'objet de si violentes accusations
contre moi, qui l'ont mal lu ou l'ont lu sans le comprendre, ce que m'a écrit, en termes trop flatteurs
sans doute, l'auteur des *Châtiments* et de *Napoléon
le Petit,* Victor Hugo. Libre à mes ennemis d'y répondre.

« Hauteville-House, 7 janvier 1870.

» Votre livre, cher collègue, est le livre d'un sage
et d'un vaillant. Je viens de le lire d'un bout à l'autre.
Je vous remercie.

» Je ne suis pas toujours d'accord avec vous. Il y
a, selon moi, erreur dans quelques faits et dans quelques appréciations. Vous attachez trop d'importance
à ce pseudo-penseur Proudhon ; mais vous êtes profondément honnête, sincère et raisonnable. Vous avez
la passion et aussi l'éloquence de la vérité. Philoso-
phiquement, vous voyez juste ; politiquement, vous
allez droit : deux grands dons, la justesse dans l'esprit
et la droiture dans la conduite. Vous êtes une âme,

ce qui fait que nous nous retrouverons hors de la vie ;
et vous êtes une conscience, ce qui fait que nous serons
toujours d'accord sur cette terre.

» Je presse vos mains cordiales.

» Victor HUGO. » •

La détention de mon frère, qui heureusement n'in-
flua ni sur sa santé ni sur son moral, eut de doulou-
reuses conséquences pour nous. Elle hâta la mort de
ma bonne mère, gravement malade dans son lit, au
moment où un misérable fouillait jusque sous ses matelas pour y découvrir des pièces de conviction contre
mon frère. Elle s'était vu enlever, alors que son fils
aîné était proscrit sur la terre étrangère, son autre fils
qui, n'ayant jamais pris une part active à la politique,
était resté auprès d'elle, suppléant notre père qui, à
cause de son âge, de ses infirmités, s'en était remis à
lui du soin d'administrer ses propriétés. Son état s'ag-
grava, et elle expira, entourée du fils qui lui avait été
rendu et de nos chers parents de Saint-Flour, les Baduel, qui nous ont toujours témoigné une affection si
dévouée.

Dans ce moment même, mon pauvre père succom-
bait dans la chambre à côté, à une attaque d'apoplexie.
Quand on y entra, on le trouva mort. Si leurs fils eurent
la douleur de perdre à la fois, dans cette nuit fatale
du 19 au 20 janvier 1853, leur père et leur mère véné-
rés, le mari et la femme, qui avaient été si unis pen-

dant leur quarante-deux ans de mariage, n'eurent pas le chagrin de se survivre l'un à l'autre. Ils s'endormirent ensemble du sommeil éternel.

Cette double mort n'avait pas désarmé nos ennemis, Le sous-préfet Rochette et le maire Andrieux empêchèrent les deux cercueils que la population entière accompagna jusqu'au cimetière, de suivre l'itinéraire habituel, malgré les protestations du clergé lui-même. Ils firent passer le convoi par des rues détournées.

Dans une circonstance analogue, ces deux fonctionnaires, se croyant tout permis, se livrèrent à un abus de pouvoir encore plus scandaleux.

Un beau jour, nos fonctionnaires grands et petits de la ville se mirent en campagne, armés et galonnés, pour empêcher un mort d'être enterré au cimetière avec les honneurs habituels. La pauvre mère Besson, voulant que son fils unique, qu'elle venait de perdre à Paris, reposât près d'elle, dans son pays natal, avait fait porter le corps de ce fils bien-aimé au bourg de Lamothe. Entourée de sa nombreuse famille, d'amis, elle se disposait à assister à la douloureuse cérémonie des funérailles, lorsque le bourg fut occupé par la force armée, la maison envahie par la gendarmerie, et les assistants sommés par le sous-préfet Rochette en personne de se retirer sous peine d'être empoignés comme conspirateurs ou séditieux. Etait-ce parce que le jeune Besson, âgé de dix-huit ans à peine, avait été un des secrétaires de notre club de l'*Egalité,* ou parce que, dans les lettres enlevées dans la chambre du mort, se trouvaient des passages dont l'amour-propre du sous-préfet Rochette et du maire Andrieux avaient eu à souffrir, que cette expédition sacrilège autant que ridicule avait été entreprise? Personne ne peut le dire, mais tout le monde haussa les épaules de pitié autant que d'indignation; et en voyant à l'œuvre ces hommes qui s'acharnaient après les morts comme après les vivants; qui empêchaient les familles d'honorer leurs morts; qui avaient peur d'un cercueil, d'une inscription sur une tombe; qui défendaient de pleurer comme de rire, on se demandait déjà combien durerait encore le règne de ces hallucinés.

Alors aussi des vers satiriques contre le sous-préfet Rochette, le maire Andrieux, le président Thomas, l'imprimeur Gallice et autres réactionnaires, furent répandus à profusion sous le voile de l'anonyme, et manuscrits, bien entendu. Des perquisitions furent faites par la police, la gendarmerie, dans tous les établissements publics, sans qu'on pût découvrir les auteurs ni même les pièces de conviction.

Le maître d'hôtel Prulière, qui tournait du reste les sauces mieux que les vers, fut soupçonné d'être un des coupables; mais ni lui ni personne ne put être poursuivi.

Mes adversaires m'ont poursuivi de leurs diffamations jusque sur la terre d'exil. Ne pouvant me reprocher d'être entré en France lorsque l'amnistie de 1858 ouvrit les portes à tous les proscrits qui n'avaient pas fait leur soumission, ils se sont bien gardés de rappeler que j'étais un de ceux qui, avec Victor Hugo, Edgar Quinet, Madier de Montjaud, Schœlcher, Louis Blanc, étaient restés sur la terre étrangère, volontairement proscrits, disant avec notre grand poête :

Ne fussions-nous que cent, je brave encor Sylla ;
Et s'il n'en reste qu'un, je serai celui-là.

Les folliculaires de *l'Écho*, de *l'Indépendant*, plus tard de *l'Ami des Travailleurs*, du *Radical de Brioude*, ont publié que j'avais demandé ma grâce au bandit du 2 Décembre, pour entrer en France après la mort de mon père et de ma mère. Dans la tumultueuse réunion où les candidats de l'*Alliance républicaine* ne purent se faire entendre, M. Jules Maigne, qui prit et garda la parole pendant la plus grande partie de la séance, présidée par son ami Pichat, lança un mot qui n'avait aucun sens s'il n'avait pas eu l'intention de me l'appliquer. Il se vanta d'être de ceux qui n'avaient jamais demandé de grâce à celui qui avait noyé la République dans le sang.

Un moment, j'eus l'envie de répondre :

Si ce n'est toi c'est donc ton frère ?

Francisque Maigne et ensuite Trioullier et Dufaut, deux des plus ardents souteneurs de sa liste intransigeante, avaient, en effet, adressé de vives et pressantes sollicitations au gouvernement de l'empereur Napoléon III, pour qu'on leur ouvrît les portes de la France, en prenant l'engagement de ne plus s'occuper de politique. Comme j'étais un des proscrits qui, à Bruxelles, avaient pensé et dit qu'il était des exilés ou des transportés qui avaient des motifs légitimes de rentrer dans la patrie, dans leur famille, et que je m'étais bien gardé alors de blâmer ceux de nos amis qui avaient cru devoir nous quitter, je ne voulus pas évoquer, comme un reproche, ce souvenir qui aurait paru blessant, contre un ancien ami, un ancien collègue, que je n'ai amais cessé d'estimer. Je dédaignai de relever l'insinuation de son frère.

En ce moment, au contraire, j'ai à faire justice de ce nouveau grief, en rappelant simplement les faits.

J'étais à Bruxelles alors que mon père et ma mère rendaient, le même jour, le dernier soupir, et étaient inhumés. Je savais que la santé de ma mère était gravement altérée; que mon père était depuis longtemps souffrant; mais rien ne pouvait me faire prévoir le double coup qui allait me frapper. Certainement, si j'avais pu m'en douter, j'aurais tout bravé pour pouvoir aller fermer les yeux de ceux que j'avais tant aimés, leur rendre au moins les derniers devoirs. Mais il m'eût été impossible alors de franchir la frontière, si bien gardée par les douaniers et les gendarmes du gouvernement napoléonien, que j'eus de la peine à la traverser bien que muni d'une autorisation régulière. J'aurais pu être transporté en Algérie, en vertu de la loi de sûreté générale condamnant à cette peine les exilés rentrant en France. Je ne serais par conséquent point arrivé à Brioude.

Ce fut Francisque Maigne qui m'apprit la mort de mes parents. Je n'avais qu'à les pleurer de loin, en envoyant à mon frère, resté seul dans notre maison, l'expression de mes douloureux regrets.

Quelques jours après, je recevais, sans que rien n'eût pu me le faire prévoir, n'ayant même pas songé à le demander, un sauf-conduit m'autorisant à aller passer un mois dans ma famille. Il m'avait été accordé sur les sollicitations de mon vieil ami Emile Redon, qui avait été en relations politiques avec le prince Jérôme, ce Napoléon qu'on avait bien appelé un moment le *prince de la Montagne,* parce qu'il avait l'air de faire de l'opposition à son cousin, mais avec lequel ni moi ni aucun de mes collègues républicains n'avions eu le moindre rapport.

La lettre que voici en fait foi d'une manière éclatante :

« Moulin-Neuf, 13 février 1853.

» Lorsque j'appris, mon cher monsieur Ernest, la terrible infortune qui a accablé votre maison dans l'espace d'une seule nuit, je compatis sincèrement à vos douleurs. Je me souvenais toujours de notre cher exilé ; et le voyant, au moment de ces deux nuits funestes, éloigné de son pays, je pensai qu'il était de mon devoir de solliciter le crédit d'un de ses anciens collègues à la législative, d'un prince qui a appartenu aux nôtres, d'un homme excellent par le cœur et qui m'a toujours témoigné de l'affection, en un mot du fils de Jérôme Bonaparte. Il a pris part à votre affliction ; il a voulu que votre bon frère pût revoir la tombe de ceux qu'il aimait, et aussi vous serrer la main. Nous avons obtenu un congé d'un mois.

» Le prince, occupé par les évènements du mariage de son cousin, m'a fait écrire la lettre suivante, dont je vous transmets la copie :

« Le prince Napoléon a lu votre lettre avec beau-
» coup d'intérêt. Il a été très heureux de pouvoir ren-
» dre à M. St-Ferréol le petit service que vous lui
» demandiez.

» S. A. me charge de vous adresser sous ce pli le
» sauf-conduit que vient de lui adresser le ministre de
» la police générale ; vous voudrez bien le faire par-
» venir vous-même à M. St-Ferréol, dont vous ne
» donnez pas l'adresse.

» Le prince vous prie de lui écrire lorsque vous

» saurez que cette permission est arrivée à sa desti-
» nation.

» Recevez, etc.

» *Le secrétaire particulier,*
» Emmanuel MATHIEU. »

» Recevez, monsieur et ami, l'assurance de mes
sentiments affectueux.

» Emile REDON. »

C'est à propos de ce sauf-conduit, dont je pouvais
user sans faire aucune concession de principes, sans
passer sous les fourches caudines de mes proscripteurs,
puisque c'était comme un ennemi que je venais en
pays ennemi, que mes adversaires de droite et même
de gauche, s'empruntant comme de coutume leurs
armes contre moi, m'ont accusé d'avoir demandé
grâce.

Je reproduis ici textuellement les pages du manus-
crit sur lequel je fixais mes impressions au jour le
jour, au courant de la plume, et qui seraient par conséquent bien plus vivantes que celles de mes *Mémoires,*
écrits si longtemps après. Seulement, ce sont des souvenirs trop intimes, trop personnels, qui prendraient
trop de développement. Il s'agit ici d'un des plus douloureux épisodes de ma vie de famille.

« Il était nuit lorsque j'ai frappé à la porte de ma
maison. Mon frère était au lit. Impossible de dire la
sensation qui m'a glacé le cœur lorsque je suis entré
dans cette maison si morne, si sombre, si vide, où on
ne m'attendait pas. Mon frère s'était couché. La
lampe de la cuisine éclairait seule le vestibule. Une
femme de service que je ne connaissais pas était devant

moi. J'ai senti un frisson douloureux courir sur moi. Je n'ai pu retenir mes larmes. Bientôt mon frère était contre mon cœur, et, pour la première fois après la perte irréparable que nous avions faite, nous avons pu mêler nos pleurs et nos embrassements. Le vieux Erzède, le magnifique chien bleu de mon frère, m'avait reconnu ; il me léchait les mains, se livrant lui, à des ébats joyeux.

» Le lendemain matin, Ernest et moi nous sommes allés au cimetière. Là reposent, couchés à côté l'un de l'autre, le père et la mère chéris qui nous ont été si cruellement enlevés ; près d'eux dorment notre grand-père et notre grand'mère, ces bons vieillards, dont nous sentons toujours vivement la perte, et nos petits frères Auguste et Charles, ravis à notre famille au printemps de la vie. Sur ces tombes, que recouvre un peu de terre, nous nous sommes agenouillés, et nous avons pleuré en silence. Dans quelques jours, une pierre tumulaire, qu'entoureront des arbres toujours verts, dira à la foule insouciante, qui marche sur l'herbe des tombeaux comme sur les fleurs de la prairie, les noms de nos morts bien aimés. C'est dans notre cœur que vivra éternellement gravée, la mémoire de ceux que nous avons perdus. »

Au cimetière même, le maire Andrieux devait plus tard donner un nouveau témoignage de ses haines politiques. Il refusa de laisser graver ces mots : « *Sépulture de la famille St-Ferréol* » sur la pierre tumulaire, sous le prétexte que la concession achetée par nous n'était pas perpétuelle.

Pendant mon séjour d'un mois à Brioude, je fus

laissé tranquille par la police. On se contenta de faire surveiller par la police, par les gendarmes et même par des mouchards, les personnes qui venaient me voir. Peine inutile! Chacun venait au grand jour, et on prenait hautement la responsabilité de ses amitiés. De la campagne comme de la ville, paysans, ouvriers, sont venus, malgré la terreur qui régnait depuis le 2 Décembre dans l'arrondissement de Brioude, prodiguer au banni revenu pour quelques jours dans ses foyers que la mort avait dévastés, d'aussi nombreux et ardents témoignages de sympathie que j'en avais reçus aux beaux jours de la République. J'eus donc toutes les consolations que je pouvais recevoir. Cette halte d'un mois dans le pays natal m'a laissé un souvenir ineffaçable de reconnaissance pour les braves concitoyens qui n'avaient pas oublié ceux qui souffraient pour la cause du peuple.

A ce moment, j'étais alors à Brioude le seul des représentants, des démocrates, à qui leur foi politique avaient coûté la liberté ou la patrie. Toutefois ce n'était pas à moi seul que s'adressaient ces démonstrations, qui honorent ceux qui les reçoivent comme ceux qui les font ; les absents qui étaient sous le ciel meurtrier de l'Afrique, sur la terre d'exil, dans les prisons d'Etat, étaient de moitié dans toutes ces manifestations.

Une seule fois, je fus un moment, malgré ma retraite absolue, sans doute à cause de l'accueil qui m'était fait par nos amis, sur le point d'être conduit par devant le pacha de l'arrondissement, le sieur Rochette en personne.

C'était un matin. Un gendarme en grande tenue

entra dans mon cabinet et m'invita, au nom de son lieutenant, à me rendre à la sous-préfecture pour faire viser mon sauf-conduit. Je pris connaissance de la lette du sous-préfet, lettre où il était dit que le ministre de l'intérieur était fort surpris que M. St-Ferréol, depuis quelques jours dans ses foyers, n'eût pas encore fait *viser administrativement son sauf-conduit*. Je répondis fort nettement au gendarme que je n'étais point sous la surveillance de la haute police ; que je n'avais par conséquent rien à faire à la sous-préfecture ; qu'en arrivant à Brioude j'avais fait viser *administrativement* à l'hôtel-de-ville, pour que le jour de mon arrivée fût bien constaté, mon sauf-conduit, visé déjà sur la frontière par la police française ; que dès lors je refusais de me présenter volontairement devant le sous-préfet.

Le gendarme, m'engageant à réfléchir, me dit qu'on avait des ordres pour m'y faire aller, et qu'on serait obligé de les exécuter.

Je répliquai que je ne cèderais qu'à la force.

Le gendarme se retira et je n'entendis plus parler de rien, soit que ledit Rochette, informé que j'étais en règle, crût inutile d'exiger un nouveau *visa* ou craignît, en me faisant traîner devant lui, de dépasser les ordres du ministre.

CHAPITRE V

UN MOIS D'EMPIRE A BRIOUDE

Pendant mon court séjour à Brioude, je pus juger par moi-même de l'état des esprits, des mouvements de l'opinion dans nos pays.

A ce moment, la bourgeoisie presque tout entière était à divers degrés hostile au gouvernement napoléonien, parce qu'elle se croyait menacée dans ses intérêts, dans son repos, par des coups de tête du maître absolu, autant que par les incertitudes de l'avenir.

Faisant bon marché de la liberté des autres, elle était humiliée, ennuyée, vexée de n'être comptée pour rien, de ne posséder aucun droit, pas même celui de faire de l'opposition pour la forme, de n'avoir à lire que des journaux de la même couleur — la couleur officielle, — à ne nommer que les candidats du pouvoir, à ne parler, presque à ne penser qu'avec autorisation de la police. Elle s'était mise à l'écart, frondant à mi-voix, faisant le vide autour des hommes du pouvoir, dont les salons restaient déserts, tout en ménageant maintenant les républicains dont elle cherchait à se rapprocher. Elle aspirait plutôt qu'elle ne travaillait à restaurer l'orléanisme.

Le commerce, l'industrie, inquiets, défiants, craignant les aventures, cherchaient à tirer le meilleur parti possible de la paix du moment, en écoulant leurs produits aux meilleures conditions, mais ils ne faisaient ni provisions, ni crédits, et se plaignaient plus ou moins hautement du gouvernement qui ne faisait rien pour eux, ne leur présentait par surtout des garanties de stabilité.

Les prêtres, toujours plus exigeants à mesure qu'on leur fait des concessions, se montraient médiocrement satisfaits de ce qu'on avait fait pour eux. Obligés de partager l'empire avec les gendarmes, ils commençaient à dire que parce qu'ils n'avaient pas tout ils n'avaient rien, et recommençaient leur travail de taupe, pour amener la restauration de leur tout dévoué et bien aimé Henri V.

Les masses, se lassant d'attendre, sans les voir venir, toutes les belles choses qu'on leur avait promises, devenaient chaque jour plus indifférentes pour le neveu de son oncle. Elles étaient irritées des taxes locales, réglements administratifs, fermetures de cabarets, prohibition de réunions, poursuites fiscales, entraves, vexations de tous genres, que les autorités locales faisaient tomber sur elles comme la grêle; s'indignaient de voir augmenter les traitements des fonctionnaires. Elles voyaient avec un profond mécontentement affubler d'uniformes et de galons tous les employés et agents dont le nombre augmentait sans cesse.

La partie la moins éclairée, la plus nombreuse de la population, ne faisait pas remonter jusqu'à Louis-Napoléon lui-même la responsabilité du mal. Elle faisait tout tomber sur la tête de ses ministres et surtout des autorités locales, qui semblaient prendre à tâche, par leurs paroles, leurs actes, d'éclairer le pays sur les douceurs du pouvoir absolu. Parfois même il se disait dans les campagnes que l'empereur était trahi par les bourgeois et les prêtres. Cela indiquait qu'il y avait encore le levain du bonapartisme dans la population, et que ce bonapartisme jouait toujours son double jeu, se faisant passer auprès des paysans pour l'ennemi des prêtres et des bourgeois, tout en se donnant à ceux-ci pour le sauveur de l'ordre, de la religion, de la propriété.

La partie intelligente des travailleurs était restée républicaine comme ceux qui avaient pris part à la lutte depuis 1848, ou qui dès ce moment avaient confessé leur foi républicaine.

Malgré la défaite, malgré la terreur, il n'y eut pas d'apostats dans notre ville. Trois ou quatre anciens bonapartistes seuls redevinrent, de clubistes, de vieilles culottes de peau.

Depuis le coup d'Etat, Paul Maigne fut subi par les coteries réactionnaires, qui le méprisaient; Cheminard, le *transfuge,* laissé de côté par tous. Thomas, Andrieux et le juge de paix Mosnier étaient à peu près les seuls qui assistaient aux réunions intimes de la sous-préfecture. Ce dernier, qui avait failli être révoqué par son ancien ami Tony Rochette, comme ennemi de la propriété et de l'ordre, parce qu'il avait partagé un porc pour l'abattre avec Julien Lamothe, était étranger à toutes les passions politiques du moment, mais d'un caractère faible. Les orléanistes Eugène Couguet, Frédéric Reynaud, Adrien Héraud, faisaient en chambre de l'opposition à l'eau de rose. Amable Marchet et Arthur Mallye s'étaient déclarés indépendants.

Les réactionnaires non fonctionnaires, qui se groupaient autour du sous-préfet, étaient MM. Frédéric Belmont, Adolphe Tallobre, Gaubert père, Vernière, Faurot, notaire, Alfred Grenier, Mallye père, Chanson, Belmont, avocat, Crespe, Denier-Bertrand, Pissis, médecin.

Le salon de l'*Union,* dont on avait prétendu que j'avais été exclu ainsi que du *Comice agricole,* alors qu'après 1848 je m'en étais retiré volontairement, parce qu'il ne comptait aucun républicain, avait failli être fermé après Décembre comme n'étant pas assez bonapartiste. Maintenant, la coterie du sous-préfet y était réduite à cinq ou six fonctionnaires qu'on laissait dans leur coin. Quand Grenier aîné, dit *maussade,* le percepteur Pouzols et le cousin Victor Vernière, un de mes anciens inséparables, qu'on appelait la *mouche* de la sous-préfecture, entraient, le silence se faisait.

Le triumvirat tout-puissant, sous le joug duquel la ville devait se courber, se composait encore de Rochette, Andrieux et Fournier. Nous avons dit ailleurs ce qu'ils étaient, ce qu'ils ont fait. Nous répèterons seulement que c'est à l'ingénieur Fournier que Brioude doit de n'avoir pas eu à ses portes la bifurcation du chemin de fer de Paris à Bordeaux que de Morny avait fait passer par Arvant au lieu de la laisser longer l'Allier. Par son entêtement, son outrecuidance, il détermina la compagnie d'Orléans à adopter le tracé par la vallée de l'Allagnon, qu'il avait déclaré impraticable.

Par camaraderie, ce bras droit du sous-préfet décembriste, au moment où dans toute son ardeur révolutionnaire, après 1848, il dressait la liste des maires et percepteurs à destituer et n'y allait pas de mainmorte, avait voulu empêcher M. Vimal, réactionnaire compromis par ses antécédents, d'être remplacé au Puy par M. Guyot père, qu'il n'aurait pas voulu avoir pour ingénieur en chef. Il m'avait même demandé, pour Louis Blanc, une lettre de recommandation, que je lui donnai, le croyant alors sincèrement républicain, mais sans y mettre, bien entendu, un seul mot en faveur de son protégé, qui fut seulement déplacé, croyons-nous.

Le docteur Andrieux, en attendant qu'il obtînt du pouvoir une récompense dont il aurait eu grand besoin pour payer ses dettes — une place bien rétribuée ou à défaut la croix — avait été imposé comme maire à la ville, qu'il administrait avec ses adjoints Gauthier, marchand, et Montalban, avocat, appelé depuis peu à remplacer M. Rozier, devenu notaire à Paulhaguet.

M. Pouzols, son percepteur, cumulard sans vergogne, étant en même temps receveur municipal, caissier de la caisse d'épargne, trésorier de l'hospice et du bureau de bienfaisance, qui n'avait jamais de fonds dans sa caisse sous l'administration de Charles Vidal, trouvait maintenant les moyens de faire face à toutes les dilapidations, à toutes les folies du nouveau maire. Celui-ci n'ayant aucuns biens pour répondre, c'était au percepteur et aux conseillers municipaux, qui ne protestaient pas, que revenait la responsabilité des charges arbitraires mises sur les habitants. — Cette responsabilité était illusoire. Aussi, maire, adjoints, conseillers s'en donnaient à cœur joie.

Il fut un moment question de créer une maison de fous, à Brioude. Le maire se mit en quête d'actionnaires. S'il en avait trouvé, cela aurait prouvé que le besoin d'un pareil établissement s'était fait sentir. La maison étant bâtie, le maire Andrieux en aurait été le premier pensionnaire, le sous-préfet Tony Rochette le second ; les actionnaires auraient suivi.

Il n'était pas d'insanités que les deux principaux fonctionnaires de la ville, à qui le pouvoir avait fait tourner la tête, ne fissent chaque jour à l'envi l'un de l'autre.

Les élections pour le conseil général et le conseil d'arrondissement se firent à Brioude au gré du pouvoir. Les candidats qui avaient été imposés par l'autorité furent élus.

M. Thomas fut nommé membre du conseil général par 1,500 voix ; MM. Foullit et Alfred Grenier, membres du conseil d'arrondissement par 1,300 et 1,400 voix. Ils avaient pour concurrents, le premier, Mallye fils, les autres Charles Vidal et Amable Marchet.

Libéral et voltairien sous la Restauration et sous la monarchie de Juillet, M. Thomas, qui se vantait de n'aller jamais à la messe, de figurer sur la liste rouge de la police bourbonnienne, d'avoir eu un grand père régicide, s'était fait dévot et élyséen pour arriver au but de son ambition, la présidence du tribunal civil de Brioude.

Il avait été nommé juge par l'influence de M. Mallye père, député, dont il s'était éloigné avant Février, soit qu'il eût passé au parti Salveton, comme l'en accusaient les amis de M. Mallye, soit qu'il ne trouvât pas assez avancé, comme il nous le disait alors, le député du tiers-parti choisi par l'opposition faute de mieux. Cependant, il avait affiché assez de sentiments, de principes républicains, pour avoir été nommé, ainsi qu'on l'a vu, avec Jules Maigne, Jean Faugère et moi, membre de la commission provisoire chargée d'administrer la ville de Brioude après la Révolution de 1848.

Prenant sa raideur pour de la fermeté, ses antécédents pour des garanties, son air d'inquisiteur pour de l'austérité, nous crûmes devoir, tenant compte de ses années de service, demander pour lui la présidence du tribunal civil, vacante par la mort de M. Pascon. Cette place fut emportée à la course par les Mallye. C'est un remords de moins pour moi.

M. Thomas prit part quelque temps aux travaux de la commission provisoire, puis donna sa démission, se retira peu à peu du parti républicain, et après s'être placé, en suivant les progrès de la réaction, au plus épais des modérés furieux, tomba dans les bas-fonds du césarisme, pour revenir à la République quand il eut pris sa retraite.

Ce fut lui qui instruisit, comme juge d'instruction, la monstrueuse procédure par laquelle la commission mixte s'est basée pour proscrire et transporter. Il en fut récompensé par la présidence, ayant, lui qui aux dîners du barreau chantait toujours, avec l'avocat Rochette, les chansons les plus licencieuses, acheté la protection toute puissante des jésuites en gagnant son jubilé. Il reçut aussi un nouveau témoignage de confiance du gouvernement, qui le choisit pour son candidat au milieu de tant de fanatiques adorateurs de Napoléon le *petit*.

De Belgique, nous n'étions surpris, indignés que d'une chose, c'est que dans ce patriotique canton de Brioude, où toutes les élections étaient républicaines, il se fût trouvé 1,500 électeurs qui aient voulu donner leurs voix à l'apostat; que dans notre ville si éminemment démocratique, six cents citoyens eussent acclamé le candidat bonapartiste. On sait, il est vrai, comment les élections se firent depuis le 2 Décembre, et sous quelle pression ont voté ceux qui obéissaient aux exigences du pouvoir. On a voté à Brioude pour le Thomas, comme on aurait voté pour Paul Maigne, le Macaire, ou l'avocat Rochette, *l'immonde,* si le maître l'avait dit.

C'est par ordre aussi qu'on mit à la place de ce triste bonapartiste Cheminard, abandonné de tous, un enragé orléaniste, M. Alfred Grenier, qui s'était si enrhumé en criant, en 1831 : vive le duc d'Orléans!

Une partie d'ailleurs de nos amis s'abstinrent. Beaucoup ne consentirent à prendre part à l'élection que sur les sollicitations de Charles Vidal qui, avec de bonnes intentions, contribua, en augmentant le nombre des votants, à faire au candidat officiel un succès de ce qui aurait dû être un échec. Dans le canton, sur 4,000 électeurs, il y eut cependant 2,000 abstentions. Le candidat de l'opposition obtint 500 voix. Dans Brioude, sur 1,300 électeurs, 600 s'abstinrent, 150 votèrent pour M. Arthur Mallye.

Ce candidat, il faut le dire, était du reste déplorablement choisi. Sous la République, les blancs le trouvaient trop rouge; les rouges trop blanc. Il ne devait

jamais avoir de popularité. Comme M. Auguste Lamothe, mort à la peine, il a toujours voulu et n'a jamais pu être député, n'ayant même pas su, avec son
caractère passablement inquiet, sa nature vaniteuse,
se résigner à ne rien être.

A La Chaise-Dieu, au contraire, on vota en masse,
malgré la présence du sous-préfet, du procureur, des
gendarmes qui entouraient la demeure de notre ami
Pellet, consigné chez lui. Cet ancien membre du Conseil général fut nommé à une grande majorité, laissant
sur le pavé, les quatre fers en l'air, le juge de paix
Momège, candidat du pouvoir.

Il n'y eut pas de lutte dans les autres cantons. Les
élus furent, à Blesle, MM. Ravaisse, juge de paix ;
à Pinols, Louis Romeuf ; à Lavoûte-Chilhac, Barthélemy Romeuf ; à Paulhaguet, le colonel Pissis ; à Langeac, Pissis, juge de paix ; à Auzon, Mandaroux-Vertamy, un jésuite à robe courte.

Dans l'arrondissement du Puy, les bonapartistes
du lendemain, Porral, de La Batie, Mathieu, furent
écartés. Le général Pellion, le proconsul de l'Allier,
fut imposé à Solignac ; et ainsi du reste.

Le 16 septembre suivant, ce furent les élections
municipales qui mirent en mouvement notre arrondissement avec la France entière ; elles montrèrent que
si les populations avaient voté pour le maître pour
diverses raisons, elles ne s'étaient pas ralliées aux
valets ; partout les abstentions furent considérables.

Dans plusieurs communes, les listes de l'autorité
furent repoussées. A La Chaise-Dieu, Momège et
toute sa bande furent aplatis ; à Langeac, les élections ne purent se faire à cause du petit nombre de

votants ; à Paulhaguet, l'opposition, bien qu'elle n'eût pas fait de liste, faillit triompher ; à Brioude, malgré tous ses efforts, toutes ses menaces, l'autorité ne put réunir que le nombre strictement nécessaire pour avoir la majorité légale. Les paysans s'abstinrent en masse. Le nouveau conseil fut composé toutefois de la fine fleur de la réaction. Nous en avons donné les noms.

Mon frère, après avoir refusé de prêter serment, fut sans s'être présenté nommé membre du conseil municipal de Chabreuges.

Au Puy, au contraire, l'opposition, dont alors faisaient partie les ultra-réactionnaires Jules de La Batie, Mathieu, Porral, que le docteur Reynaud et ses amis avaient supplanté en devenant les favoris du nouveau préfet, ayant voulu engager la lutte, fut battue à plate couture.

L'arrondissement et la ville de Brioude avaient désormais repris leur marche en avant.

Avant que mes trente jours de patrie ne fussent expirés, j'avais repris la route du Puy, voulant voir à Yssingeaux Mme Darles pour porter au fils exilé des nouvelles de sa mère. Là, je fus accueilli avec la cordialité la plus empressée par mes anciens collègues et amis, avec qui je passai la journée.

Cette réception offusqua le préfet qui me fit appeler à la préfecture, où il m'intima l'ordre de quitter immédiatement le Puy. Vainement, je lui fis observer qu'en passant par le Puy j'usais du droit que m'accordait mon sauf-conduit, devant être rendu à Bruxelles avant l'expiration du délai qui m'était accordé, et lui expliquai les motifs qui m'avaient fait désirer de revenir par Yssingeaux. Le préfet prétendit que je devais reprendre, en regagnant la terre d'exil, la route par où j'étais venu, et me fit délivrer un passeport avec étapes obligées, comme celui qu'on donne aux repris de justice ; je fus accompagné par les gendarmes. En passant par Brioude, où j'arrivai de bon matin, j'eus le temps d'embrasser encore une fois mon cher Ernest, qui ne s'attendait pas à me revoir si tôt.

CHAPITRE VI

MON RETOUR EN BELGIQUE

De retour en Belgique, je repris ma vie d'exil. Je n'ai point à en reproduire ici les péripéties. J'ai raconté, dans mon livre des *Proscrits,* tout ce qui s'est passé d'important ou d'intéressant dans ces colonies de républicains français, éparses sur toute la surface du monde civilisé, et plus particulièrement dans les états constitutionnels : la Belgique, l'Angleterre, la Hollande, l'Espagne* et les républiques de Suisse, d'Amérique.

Après être resté interné avec Francisque Maigne et Joseph Perrein en plein pays flamand, à Bruges, la ville espagnole, pleine de mendiants, de prêtres, de congrégations, je fus autorisé à habiter Bruxelles, qui était pour nous un faubourg de Paris. J'y passais mes hivers, et allais habiter pendant l'été Genève, où je retrouvais mes concitoyens et amis Victor Duchamp, de Monistrol, Vimal-Lajarige et Fontmarcel, de Clermont-Ferrand.

De ces deux résidences, je rayonnais dans les états voisins, où partout j'étais sûr de rencontrer des collègues de la législative ou de la proscription. C'est ainsi que je parcourus la Suisse, l'Italie, l'Allemagne, la Bohême, l'Angleterre et la Hollande.

Dans ces voyages, je traversai plus d'une fois la France à mes risques et périls, muni d'un passeport américain qui me permettait de circuler partout, étant légalisé par toutes les polices et tous les consulats des gouvernements de l'Europe, qui ne se sont jamais préoccupés de l'identité du porteur de papiers revêtus des sceaux officiels.

Je ne suis revenu dans ma bonne petite ville de Brioude, qu'après la grande amnistie de 1858, que, dans un but politique, après la guerre d'Italie, Louis-Napoléon avait donnée sans conditions, aux proscrits, aux transportés, renversant les barricades élevées par ses ordres contre les exilés de la patrie. Je fus un de ceux qui protestèrent contre cette mesure de clémence hypocrite, qui faisait amnistier les proscrits par le proscripteur, les victimes par le bourreau, et je ne voulus pas en profiter.

J'allais, chaque année en septembre, passer un mois de vacances au pays natal, dans ma campagne du Bouchet, avec mon frère qui, lui, venait me voir en Suisse et en Belgique où, pour la première fois, je pus embrasser sa fille adoptive, Claire, que plus tard je devais retrouver avec son frère Georges, dans la maison de notre père, que leur jeunesse avait rendue moins triste.

Ce ne fut que lorsque la France fut envahie par l'étranger, qu'avant la proclamation de la République, je revins à Brioude, que je ne devais plus quitter, pour remplir mes devoirs de citoyen, de français.

Francisque Maigne et Perrein nous avaient quitté depuis 1853. L'exil, pour des motifs divers, leur était devenu insupportable. Des raisons de famille, de

santé, de fortune, les firent passer sous la porte basse
de la grâce, sans qu'aucun de leurs amis politiques ne
se crussent en droit de leur en faire des reproches. Ils
avaient tous les deux le mal du pays ; le docteur
Maigne se croyait atteint d'une maladie incurable.

Avec le courage froid et résolu qui fait affronter les
plus grands dangers pour une cause juste, le docteur
Maigne s'est toujours montré dans la vie ordinaire,
d'une timidité qui semblait aller jusqu'à la sauvagerie.
Dans son ménage, sa petite ville de Blesle, sa pratique
médicale, il était on ne peut plus empressé, affectueux,
dévoué pour ses amis, ses administrés, ses malades.
Partout ailleurs, il se regardait comme déclassé, dé-
paysé, craignant d'être importun à ses amis les plus
intimes. Il y avait chez lui, comme chez tous les
Maigne, un peu de cette originalité qui avait valu à
Maigne (de Fer), son oncle, une réputation qui lui a
survécu.

A cause de cela peut-être, Francisque, comme son
frère Jules qui, à Heidelberg, épousa une allemande
de la Frise orientale, fit un mariage que quelques
personnes trouvèrent étrange. Les deux frères n'ont
eu d'ailleurs qu'à se féliciter d'avoir contracté des
unions qui les ont rendus parfaitement heureux l'un
et l'autre.

En rentrant en France, l'ex-représentant du peuple
n'avait eu à prendre qu'un engagement : celui de ne
pas s'occuper de politique.

Jusqu'au jour du réveil de la démocratie républicaine, il resta fidèle à ses promesses, se donnant tout
entier à ses malades, qu'il n'avait quittés que parce
qu'un devoir impérieux l'avait appelé à aller remplacer
son frère à la législative.

Malheureusement pour lui, il avait une nombreuse clientèle et était considéré comme aussi bon républicain que bon médecin. Il fut dénoncé, par le docteur Andrieux (de Brioude), comme un dangereux conspirateur, compromettant par sa présence seule la tranquillité publique dans le canton de Blesle, et encourageant une opposition factieuse. Il fallut l'intervention de Laurent (de l'Ardèche), un de nos plus laids collègues à la législative, qui, étant devenu un ardent partisan du neveu de celui dont il avait jadis écrit une histoire des plus élogieuses, avait déjà obtenu la grâce du docteur Maigne, pour que celui-ci pût rester à Blesle, où il fit de la médecine. Les attestations qu'avaient données, sur son attitude correcte, ses concitoyens de tous les partis, et les déclarations verbales ou écrites par lesquelles il avait protesté contre les accusations portées par le docteur Andrieux, ne l'auraient pas sauvé de l'internement.

Ce fut en Belgique que je doublai le cap de la cinquantaine. Je vais encore reproduire quelques passages de mon livre des *Proscrits* sur cette époque de ma vie.

« A cet âge, qui n'est ni la jeunesse ni la vieillesse, je pus, dans l'exil, sur la terre étrangère, ressentir plus vivement les désavantages, les désagréments de la position qui était faite aux proscrits. A l'heure où l'homme, dans la plénitude de sa force, de sa raison, s'étant donné une famille, fait chef de maison, jouit en repos du fruit de ses travaux, de ses revenus, de ses propriétés, dans son pays, au milieu des siens, j'étais un vagabond, sans patrie ni famille, ne pouvant ni me fixer nulle part ni courir les aventures. Les jeunes, qui ont l'avenir devant eux, possèdent la force, le courage, les qualités nécessaires pour pouvoir, en attendant des jours plus heureux, tirer par l'étude, le travail, le meilleur parti possible du présent, pour trouver une patrie, une fortune, une famille, sur la terre d'exil.

» A cinquante ans, cela m'était impossible.

» Incapable d'entrer dans une nouvelle carrière, d'apprendre un état manuel, le seul qui pût nous être utile, je ne pus pas faire assez de progrès dans l'étude des langues étrangères, pour pouvoir me mêler aux populations des pays où j'étais appelé à vivre.

» Toutefois, je n'étais pas assez vieux pour prendre pour gouvernante quelque tante Ursule ou quelque gentille Babet, qui me servirait de garde-malade, bassinerait mon lit, me donnerait un lait de poule et mon bonnet de nuit. J'étais trop âgé cependant pour chercher dans le mariage le bonheur de la vie de famille, pour donner à la femme qui se serait dévouée à être la compagne de mon exil, aux enfants qui naîtraient de cette affection dans la proscription, l'appui, les soins, le bien-être, les dédommagements qui, pendant ces temps d'épreuve, dans ma situation exceptionnelle, auraient été plus nécessaires que jamais et que mon affection aurait voulu leur assurer.

» Beaucoup de ceux qui, avant les journées de Décembre, avaient une jeune famille, ont été obligés de briser des liens si chers, de renvoyer en France leurs femmes et leurs enfants. Peu de jeunes hommes ont été tentés de perdre leur liberté, dans la crainte de se trouver exposés, au moment où ils s'y attendraient le moins, à une pareille séparation. Ceux-là seuls

purent convoler en légitime mariage, qui, à la fleur
de l'âge, amoureux, inflammables, ne purent résister
aux charmes de la jeune fille aux yeux noirs ou bleus,
dont la douce voix disait au proscrit :

La fortune
Importune
Est pour moi sans appats ;
Et j'ai dit au proscrit : viens, je suivrai tes pas.

« Ils cherchèrent à se faire un nid sur la terre
étrangère, craignant d'attendre trop longtemps l'heure
du retour dans la patrie. Quelques-uns se choisirent,
sur la terre étrangère, une compagne à qui ils voulurent donner leur nom par le mariage ; d'autres
essayèrent de se rattacher aux lieux où ils devaient
vivre par ces liens de fleurs, quelquefois de paille, qui
se dénouent aussi vite qu'ils se forment lorsqu'ils ne
se changent pas en carcan. Ils fourragèrent peut-être
un peu dans le pré touffu ou s'épanouissent les fleu-
rettes faciles à cueillir. On n'avait que l'embarras du
choix. Le choix ne fut pas toujours bon.

» Les célibataires entre deux âges, les vieux garçons firent au contraire du provisoire en tout ; ils ne se
fixèrent à rien. Ballottés qu'ils étaient entre la jeunesse
et la vieillesse, qui les tiraient chacune de leur côté
sur la mer orageuse de l'exil, au milieu de régions
inconnues, ils se laissaient aller à la dérive, à tous les
vents. Tous, jeunes et vieux, avaient une maîtresse
impérieuse et jalouse, à qui ils restaient fidèles, la
République. »

Très tolérant à l'égard de ceux qui ne le sont pas pour
es autres, je ne condamne pas plus que je ne damne

les libres conjoints, croyant et disant avec Saint-Just,
le grand conventionnel : « L'homme et la femme qui
» s'aiment sont époux. Quand ils ont des enfants, ils
» doivent en faire la déclaration devant l'officier de
» l'état civil. »

Je ne suis donc pas de ceux qui croient avoir
besoin, pour faire du cynisme ou de l'hypocrisie, d'af-
ficher ou de cacher leurs liaisons déclarées illicites
par la loi moderne imprégnée de la doctrine catho-
lique. Sur la terre étrangère comme dans la patrie, je
n'ai jamais prétendu jouer le rôle d'un Caton pas plus
que celui d'un don Juan. Les amis au milieu desquels
j'ai vécu peuvent dire quelle a été ma vie intime ; je
n'ai point à mettre le public dans la confidence de
faits qui ne se rattachent en rien à la politique. Je puis
donc bien encore laisser tomber dans la boue les sots
et indiscrets quolibets des rédacteurs ordinaires et
extraordinaires de *l'Indépendant de Brioude,* du *Moniteur de Brioude,* du *Radical de Brioude* et de *l'Echo
du Velay,* dont la pudeur me défend de rappeler les
noms qui sont connus de tous d'ailleurs, comme leur
moralité.

De l'Algérie, de Cayenne, où ils laissaient tant de
leurs compagnons de proscription, qui y mouraient
par centaines, obligés de casser des pierres en plein
soleil sur les routes, de travailler dans des marais pes-
tilentiels, beaucoup de transportés étaient revenus
aussi, après un an d'empire, se remettre, en acceptant
cela comme une grâce, sous la main de la police impériale. De ce nombre furent les citoyens Alexandre
Trioullier, de Brioude, Besseyre-Lorange, de Vieille-
Brioude, Dufaut, de Tapon.

Tombant, à la suite de l'attentat d'Orsini, sous le coup de la loi de sûreté générale, ils furent réexpédiés en Algérie, où ils restèrent jusqu'à l'amnistie.

CHAPITRE VII

ADMINISTRATION ANDRIEUX

Revenons de la Belgique à Brioude. Nous allons, en dépouillant les procès-verbaux des délibérations du conseil municipal depuis 1853, rappeler ce qu'ont fait, pendant leur long séjour à l'Hôtel-de-Ville, le maire Andrieux et ses conseillers ou plutôt ses très humbles serviteurs.

Voulant avoir l'air de mettre à exécution les beaux projets de fontaines, d'abattoir, qu'ils avaient fait sur le papier, ces administrateurs comme on n'en voit guère, votèrent, avec les plus imposés, un emprunt de 64,000 francs pour faire face à la dépense. Heureusement, l'emprunt tomba dans l'eau avant d'être émis, ce qui fut tout profit pour la ville, dont les fonds auraient pu plus mal tomber. Au contraire, ils dénouèrent les cordons de la bourse municipale pour acheter la maison du doyenné, appartenant à M. Grenier-Dalbine, pour y établir un presbytère.

Cet achat fut fait au prix de 15,000 fr., en février 1854. Avec les frais de réparations, d'entretien, les impôts, cet immeuble est revenu à une vingtaine de mille francs à la ville, qui paye depuis, pour le logement du curé, le revenu de cette somme, soit un millier

de francs, tandis qu'auparavant elle n'avait à dépenser
pour cet objet que trois cents francs.

Dans le budget de 1855, il n'est plus question des
1,500 francs que devaient donner à la ville, les donateurs des bâtiments en mauvais état de l'école congréganiste. On voit figurer seulement aux recettes
extraordinaires une somme de 500 francs pour intérêt
d'un capital de 10,000 francs, celui qui devait être
probablement versé dans les caisses de la ville au
moment où elle déclarerait communale l'école des
Frères.

La salle d'asile avait à peine été installée à grands
frais dans la maison dite de la *franc-maçonnerie,* que
le maire Andrieux, qui ne demandait qu'à dépenser
de l'argent à tort et à travers, obtint du conseil, en 1854,
qu'elle serait transportée dans le bâtiment communal
du Postel, où elle est encore, et qu'on créât dans le
même bâtiment une école communale de filles.

Des travaux, s'élevant à la somme de 5,365 francs,
avaient été donnés en dehors des plans, en régie, sans
adjudication, sans vérification de l'architecte. Quelques membres du conseil, malgré tout leur dévouement
au maire, s'en plaignirent. Le docteur-maire répondit
qu'il y avait urgence à mettre la main à l'œuvre, et
tout fut dit, le préfet ayant approuvé plus tard le
payement de la dépense, ce qu'il avait d'abord refusé
de faire.

Ils approuvèrent sans observation la nomination
d'un préposé en chef de l'octroi, ce qui accrut les dépenses de la ville d'un millier de francs, et a d'ailleurs
été depuis maintenu.

Toutes les écoles d'alors étaient payantes et sous
la direction de sœurs ou de frères.

Le 30 avril, une adresse est envoyée à *Sa Majesté*, contre laquelle une *tentative d'assassinat a été dirigée et qui n'a pas été atteinte*. On y lit : *La providence, qui a sauvé la France en vous conduisant sur le trône, veille sur vos destinées*. Elle fut votée, cela va sans dire, à l'unanimité.

Le 14 juin 1855, sont nommés, par décret impérial, maire, M. Andrieux ; adjoints, MM. Montalban et Gauthier. Ils prêtèrent, à leur installation le 1er juillet, serment de fidélité à l'empereur. Les conseillers municipaux étaient alors MM. Esbrayat, Fournier Charles, ingénieur, Gauthier, marchand, Bruhat Simon, propriétaire, Regimbaud, pharmacien, Gallice Lazarre, Faurot Constantin, Vincent Simon, Camille Blanc, Mosnier, juge de paix, Baudouin Louis, cirier, Mallye père, ancien député, Faucher Jean, cultivateur, Raphanel Félix, marchand de fers, Chanson Hippolyte, notaire, Belmont Frédéric, avoué, Mouret Pierre, ancien orfèvre, Chambe Antoine, cirier, Freydefont Pierre, bijoutier, Grenier Alfred, notaire, Peyrier, pharmacien.

Ce fut à peu près à cette époque que par un traité passé entre le préfet et le maire et approuvé par le conseil municipal, une partie de l'Hôtel-de-Ville fut louée au département pour y installer le tribunal civil. La location fut faite pour douze ans. Elle a depuis toujours été renouvelée ; mais le prix de la location, par suite des dépenses faites dans l'aménagement ou l'embellissement des salles consacrées aux audiences et à l'instruction, a été élevé de 12 à 1,600 francs par an.

Brioude devint alors tête de ligne ferrée. Le che-

min de fer de Paris à Lyon par le Bourbonnais péné-
tra enfin dans notre ville, où il s'arrêta assez longtemps avant d'être continué sur le Puy, pour que
notre chef-lieu d'arrondissement eût le mouvement, le
commerce, l'animation d'une grande ville.

Les diligences du Puy, du Cantal, de l'Aveyron,
de la Lozère, venaient y déverser et en emporter de
nombreux voyageurs, qui, avec les ouvriers terrassiers
et le personnel de la compagnie P.-L.-M. y laissaient
beaucoup d'argent. Lorsque le chemin de fer eut
poussé ses rails jusqu'au Puy, Brioude rentra dans son
calme et son silence habituels. Il eut le sort de toutes
les villes *traversées*, que l'on disait alors villes *perdues,*
ce qui n'est vrai qu'à moitié, car les villes qui ne
sont pas desservies par des lignes ferrées, restent
comme isolées, délaissées au milieu de la circulation
incessante des produits, des marchandises, des voyageurs, qui font la richesse des populations assez heu-
reuses pour en être dotées, aussi bien que des nations
modernes.

L'arrivée du premier convoi dans la gare de Brioude
ne donna lieu à aucune fête municipale. Elle n'en fut
pas moins, pour les habitants de la ville et de la campagne, accourus en foule pour saluer de leurs accla-
mations l'entrée de la locomotive, un spectacle nouveau, merveilleux, alors qu'on n'était pas blasé sur ce
mode de transport.

L'église voulut leur en donner un d'un autre genre,
et qui fut accompagné d'une mise en scène bien plus
splendide.

Les sœurs de l'hospice avaient un beau jour révélé
l'existence, dans cet établissement, d'ossements qui

avaient, dirent-elles, échappé miraculeusement au feu révolutionnaire allumé au Postel par les terroristes de Brioude, pour faire un auto-da-fé de toutes les reliques, ornements d'église, ustensiles sacrés, enlevés aux couvents et aux édifices religieux.

Appelé à vérifier ces ossements, que l'on gardait dans un vieux bahut au-dessus duquel étaient suspendus deux squelettes que l'on faisait voir aux enfants le jour de leur première communion, le docteur Pissis, marguillier de la paroisse, reconnut à vue de nez, que ces ossements, qui embaumaient, déclara-t-il, étaient les coccyx, humérus, omoplate, os sacrum, tibia, fémur, de saint Julien, patron de Brioude, saint Ilpize, saint Arcons, sainte Colette, martyrisés au Vme siècle dans les environs de notre vieux *vicus Brivas,* que raconte Saint-Sidoine-Appolinaire dans ses vers :

Fovet ossa sancti Juliani.

A la suite d'une bulle du pape qui autorisait la cérémonie, la translation de ces reliques, déclarées authentiques par un procès-verbal des plus mirobolants que nous avons donné dans les *Notices historiques sur Brioude,* fut faite de l'hôpital de Brioude, à l'église, ruisselante de lumière, décorée d'oriflammes et de guirlandes de feuillages et de fleurs, au milieu d'un immense concours de fidèles et aussi de curieux des deux sexes, par tout le clergé de l'arrondissement, à la tête duquel marchaient plusieurs évêques, accompagnés de tous les fonctionnaires grands et petits de la ville, du maire, des adjoints et conseillers municipaux, des sapeurs-pompiers, de la musique, etc.

A quelques jours d'intervalle, il fut donné ainsi à notre ville d'être témoin de deux miracles : l'un, un miracle de la légende qui, dans un convoi funèbre, par le sombre chemin de la foi, ramenait le monde clérical dans les ténèbres du passé féodal, sacerdotal et monarchique ; l'autre, un miracle de la science, qui emportait à toute vapeur, en pleine lumière, le monde laïque vers l'avenir, par la voie du progrès. A ce moment, on ne disait pas encore : « Ceci tuera cela ; » mais les masses elles-mêmes commençaient à s'affranchir des superstitions du moyen-âge.

En février 1856, la ville n'avait touché ni le capital de 10,000 francs ni le revenu de cette somme, que devaient donner les Frères à la ville. C'est ce qui résulte d'une délibération par laquelle le conseil rappelle qu'une somme de 10,000 francs, dont le revenu ou le capital sont applicables à l'entretien ou au développement de l'école des Frères, peut être destinée en totalité ou en partie à cet emploi. Les réparations ou constructions jugées nécessaires ne furent pas faites. Pas d'argent, pas de suisse.

Le 13 avril 1856, le conseil accouche enfin d'un projet de halle aux grains et d'abattoir.

La halle, par une ingénieuse idée, devait, pour faciliter l'entrée de la maison Grenier, être divisée en deux parties. L'une aurait été élevée sur l'emplacement de l'ancienne halle, devant la maison Monestier, l'autre sur la place de l'Hôtel-de-Ville, devant la maison Grenier.

L'abattoir aurait été construit au Reclus.

Ces deux projets étaient évaluées à 100,000 francs.

Ils furent enfouis civilement dans les cartons, d'où ils ne sont plus sortis.

Au budget de 1857, on trouve une recette extraordinaire de 500 francs provenant des intérêts d'un capital de 10,000 francs. Est-ce le capital des Frères ? Pourquoi ces intérêts figurent-ils dans ce budget et pas dans d'autres ? Mystères de la caisse Andrieux et compagnie.

Après quelques années d'occupation, les maristes s'étaient brouillés avec le maire Andrieux. Le père Bellanger, directeur général de la congrégation, abandonna notre collège à son mauvais sort, et écrivit qu'il était prêt à faire la remise des bâtiments à la ville.

Le maire, annonçant cette nouvelle, rejeta naturellement tous les torts de la rupture sur les maristes, qui abandonnaient le collège de Brioude pour celui de Riom, qui leur offrait plus d'avantages. Après avoir abusé, par leurs paroles et leurs promesses, le curé, le sous-préfet, l'administration municipale, ces messieurs, dit-il, ont levé le masque au milieu de l'année, en rompant l'engagement formel de tenir le collège ouvert pendant cinq années. Ils ont, au mépris de cet engagement, sans respect pour leur caractère, abandonné notre collège à la fin de l'année scolaire. C'était lui qui avait appelé les maristes, fait toutes les réparations qu'ils demandaient, aliéné une rente de 24,000 francs pour leur construire un bâtiment neuf.

Le 3 août, le conseil, sur la proposition de son maire, déclare que le collège ne doit pas rester fermé et que la préférence doit être donnée à un établissement d'instruction secondaire, libre et de plein exercice ; qu'on s'adressera en conséquence au préfet, à l'évêque, aux chefs de divers ordres religieux, pour ouvrir l'établissement à la rentrée prochaine, avec un personnel nouveau ; et il vote un premier crédit de 7,000 francs pour les dépenses à faire au collège à ouvrir.

Les maristes quittèrent le collège, emportant tout ce qui était de bonne prise en fait de mobilier, laissant les bâtiments délabrés, et ayant tellement décrié, discrédité notre établissement d'instruction secondaire qu'aucune congrégation enseignante ne voulut prendre la suite de leurs affaires. Le collège resta donc fermé, et il le fut pour de longues années.

Sur le budget de 1858 figurent encore les 500 francs, intérêts du capital de 10,000 francs.

Ce fut le dernier budget dressé par l'administration Andrieux.

Aucune administration n'a été plus déplorable que celle de ce docteur hydrotristapate, qui laissa les affaires de la ville, comme les siennes d'ailleurs, dans le plus grand désordre.

Après avoir gaspillé beaucoup d'argent pour ne rien faire de bon, de durable, ce médecin encore plus charlatan qu'instruit, qui, alors qu'il comptait se fixer à Paris avait chargé l'abbé Chatel de le recommander au prône, a créé dans notre ville un établissement d'hydrothérapie qui a eu une certaine célébrité à l'époque où peu de villes et de stations d'eaux en possédaient, et qui a été agrandi et considérablement embelli par son gendre, le docteur Pouget. Il a laissé des ouvrages de médecine bien écrits, dit-on, mais qui ont surtout contribué à la prospérité de son établissement, dont naturellement il vantait les vertus aquatiques.

Le seul vestige qui reste de son administration, c'est le bureau de l'octroi construit sur la place de Paris.

CHAPITRE VIII

ADMINISTRATION GAUBERT

Le 28 octobre 1857, le maire Andrieux fut, par dé_ cret, remplacé par M. Gaubert. Ses adjoints l'étaient par MM. Belmont Frédéric et Crespe, avoués.

Le premier acte de la nouvelle administration fut de faire démolir la maisonnette que le maire Andrieux avait fait construire dans le cimetière pour le gardien. et où personne ne voulait habiter. Elle fit bâtir en dehors des murs celle qui existe aujourd'hui. Mais elle laissa le nouveau bâtiment du collège dans l'état où il se trouvait : sans portes, sans fenêtres, sans planchers, sans escaliers, et abandonna notre établissement universitaire aux rats et aux araignées, laissant les ronces et les herbes envahir les cours et les jardins.

Voici, du reste, le jugement officiel que son successeur, M. Gaubert, bonapartiste comme lui, et qui avait applaudi à sa nomination de maire, porta contre M· Andrieux, en présentant au conseil municipal la situation de la commune, le 17 février 1858.

« En comparant les résultats obtenus à ce qu'ils ont coûté ; en vous représentant les sacrifices qui restent à faire pour rétablir ce qu'il était bon de conserver ; pour achever et maintenir ce qu'il était bon d'établir :

pour créer tout ce qui manque encore, vous y trouverez la règle de votre conduite.....

» Au 31 décembre 1857, le passif s'élevait à 23,351 francs, l'actif à 17,445 : il y avait un déficit de 5,906 : mais il est fort au-dessous de la réalité.

» En 1852, l'administration Andrieux a perçu la presque totalité des droits d'octroi des années 1849, 1850, 1851, soit 20,285 francs qui n'étaient pas rentrés, et a ainsi comblé un déficit de 14,387 francs, d'où un excédent de 5,948 francs. En résumé, si on ajoute cette somme libre de 5,948, au déficit de 1857, qui est de 10,658, on a un déficit total de 16,606 francs. 1852, toutes dettes payées, avait une avance assurée de 5,948 ; et 1858, toutes ressources absorbées, a une dette de 10,658.

» Des dettes ont été ajournées, et faute d'en avoir eu connaissance à temps, le conseil a marché en avant comme si toutes les ressources présentées étaient libres, et, dans la confiance d'un excédent annuel de recettes d'environ 10,000 francs sur les dépenses ordinaires, des dépenses ont été faites avant que l'objet en eût été exposé, l'utilité reconnue, le vote acquis. En sorte qu'un vote tardif, émis par nécessité, a imposé au budget des charges imprévues. Les crédits demandés pour acquisitions, constructions et appropriations, présentés comme suffisants et votés en conséquence, ont été dépassés outre mesure.

» Pour ne citer que le collège, 24,000 fr. encaissés, montant du remboursement de la rente de Pradat (legs Saint-Vallier), devaient faire face à toutes les dépenses, et les dépenses se sont élevées à la somme de 32,909 fr., y compris 3,082 fr. de mobilier ; et elles ne s'arrêtent pas à ce chiffre, sur lequel 4,205 francs restent à payer. De plus, lors de la prise de posses-

sion de cet établissement, la commission n'a trouvé dans le cabinet de physique que bris et confusion, de manière qu'il a été difficile de connaître certains objets, et il a paru manifestement que nombre d'instruments ou appareils avaient disparu, l'inventaire ayant été fait trop longtemps après le départ des pères maristes. Depuis, d'autres désordres ont été remarqués. Les clefs de l'établissement sont restées longtemps entre des mains auxquelles le dépôt n'en avait pas été confié ; et l'établissement a été livré tantôt à des comédiens, tantôt à des congrégations religieuses de femmes.

» L'inventaire du matériel de la compagnie des sapeurs-pompiers, qui est considérable, a souffert beaucoup du défaut de garde et de surveillant, ce qui est d'autant plus regrettable qu'il reste encore à payer des sommes importantes pour fournitures qui remontent jusqu'à 1852, et ne sont pas les plus anciennes.

» L'exécution en régie de travaux importants contre le désir du conseil, sous prétexte d'économie et de rapidité, avantages qui ont fait défaut, a montré ses inconvénients connus et en a décélé de nouveaux. Peu de parties de ces travaux ont été exécutées dans de bonnes conditions, et nulle entreprise n'a été menée à fin, hors la maison du bureau Saint-Pierre, si on ne tient pas compte d'un reste à payer..... »

Dans une autre séance, le 20 juin, M. Gaubert informe le conseil des faits suivants :

« Il avait obtenu de M. Andrieux, sur sa réclamation conçue en termes généraux, la réintégration d'un bureau à l'usage de MM. les adjoints, d'un instrument d'optique (chambre noire), qui avait disparu du cabinet de physique du collège, et d'une pendule du prix de 500 francs, qui était restée presque cinq ans entre les mains du même détenteur, sans avoir jamais

paru à l'hôtel-de-ville. Il a fait de vains efforts, à
divers intervalles, pour faire rentrer la commune en
possession de son mobilier par lettres écrites au détenteur, intermédiaires officieux, et une haute intervention à laquelle ont été faites des promesses non
encore réalisées. Il demande à l'assemblée, qui la lui
accorde, l'autorisation de poursuivre par toutes voies
de droit la réintégration du mobilier communal contre
le détenteur. »

L'ex-maire Andrieux, qui avait pris chez lui, avec
du mobilier, des livres, et jusqu'à un fusil, dut rendre
gorge. Il renvoya en même temps une cheminée prus-
sienne et paya 180 francs, prix des objets manquant
à l'inventaire.

De ces communications basées sur des chiffres, des
renseignements officiels, il résulte que le conseil municipal à qui M. Gaubert parle, et qui accepte sans
rien dire, en approuvant même, cette exécution du
maire qui n'est plus en fonction, a été la dupe ou le
complice de ce maire : il en résulte aussi que loin de
laisser un déficit, comme l'avait proclamé après le
coup d'Etat, le docteur Andrieux, en prenant possession de l'hôtel-de-ville, l'administration Vidal avait
laissé un excédent de recettes de 5,000 fr., somme due
pour la rentrée des vendanges précédentes, et qui
n'avait pas encore été versée dans la caisse de la
ville.

Le 17 février, le maire demande et obtient l'autorisation de régulariser le traité avec les Frères, qui
n'avait pas encore été enregistré, bien qu'il fût mis à
exécution ; la ville a à payer 1,500 fr. pour frais
d'enregistrement.

Aux recettes extraordinaires de l'exercice de 1859 figurent encore les 500 fr. à recevoir pour les intérêts du capital de 10,000 fr., non encore versé.

Dans l'année, le conseil municipal avait été renouvelé.

Avec la nouvelle administration, on ne pouvait pas craindre les abus, les dilapidations, les virements qui avaient illustré celle du coup d'Etat. M. Gaubert, ancien professeur, était en tout l'opposé du docteur Andrieux. Bien qu'appartenant par leur naissance aux classes laborieuses, et s'étant fait, par leurs études, leurs aptitudes, une position indépendante, ils furent l'un et l'autre des adversaires ardents de la démocratie. Tous deux étaient également autoritaires, antirépublicains et mauvais coucheurs. Voici en quoi ils différaient.

M. Andrieux, que nos paysans appelaient le docteur *fougeasse,* parce que son père était boulanger, portait la tête haute, était tranchant, supportait mal les contradictions, donnait des ordres au conseil municipal, faisait les affaires de la ville comme les siennes, — fort mal, — ayant la maladie de la pierre et la manie de meubler sa maison avec les meubles de la commune.

Voulant paraître avoir la particule et la croix d'honneur, que malgré son dévouement à l'empire il n'avait pu obtenir, le docteur-maire signait ses ordonnances et ses arrêtés : *Andrieux (de Brioude),* et ornait sa boutonnière d'un petit bout de ruban rouge qui était celui d'une médaille décernée aux élèves étant allés, comme lui, soigner des cholériques, à Marseille ou ailleurs.

M. Gaubert, petit, légèrement voûté, était insinuant, souple d'allure, égratignant en faisant patte de velours. Ayant passé une partie de sa vie dans l'enseignement, le professeur, après être devenu maire de notre ville, dans le collège de laquelle il avait été principal, chevalier de la Légion d'honneur par la faveur du vice-empereur de Rouher, dont il avait été le précepteur, et avoir fait un riche mariage en s'alliant à la famille Martinon d'Aubagnat, resta, par le costume, la tournure, le caractère, le pédagogue d'autrefois.

Il traitait en écoliers, la férule en mains, ses conseillers municipaux, que son prédécesseur menait à la baguette. Comme celui-ci, il écrivait, mais en vers, faisant paraître, sans les signer, dans les journaux de la localité, des fables qui auraient mérité d'être recueillies et publiées, car il y en avait de très joliment tournées et de fort piquantes.

Dans la conversation, s'il n'était pas brillant comme le baron de Talayrat, il n'était pas emphatique comme le docteur Andrieux, et mit souvent les rieurs de son côté, comme lorsqu'à l'avocat Rochette, lui disant :

— Monsieur le chevalier, votre mère apprête-t-elle toujours bien les tripes à Riom ?

Il répondit :

— Monsieur l'avocat, ma mère lavait ce que les tripes contiennent, mais votre père le mangeait.

Le docteur Andrieux jetait l'argent de la ville par les fenêtres. M. Gaubert aurait coupé un liard en quatre, faisait des économies de bouts de chandelle, pour emplir les caisses de la ville. Aussi l'on ne s'étonne pas qu'il soit arrivé à ce résultat, sachant

que par divers arrêtés il avait, avec approbation de
son conseil municipal, réglementé, taxé les boucheries
comme les boulangeries, rendu plus sévère la perception des droits d'octroi, de voirie et autres, de-
venus plus élevés, battu monnaie avec les procès-verbaux dressés contre les nombreux contrevenants,
forcé les débitants de boissons d'éclairer Brioude à
leurs frais.

Il avait enfin trouvé un excellent moyen d'accroître
l'encaisse de la ville en diminuant les dépenses : c'était
de laisser notre collège fermé. La population eut
beau protester, l'université réclamer, la jeunesse de
Brioude dut, pendant neuf ans, se passer d'instruction
secondaire ou aller la chercher au loin. Il eut bien en
1865, à Clermont, avec le recteur, des pourparlers,
comme nous verrons plus tard, pour la création d'un
collège à quatre professeurs, mais il en fut de ce projet, sur lequel le conseil municipal fut même appelé
à délibérer, comme de celui des fontaines, qu'il ne
tenait pas à voir aboutir. Il en laissa ainsi l'honneur
à ses successeurs.

Il eut surtout le bonheur d'administrer la ville de
Brioude, pendant cette période de l'empire, où, par
suite de l'abondance des récoltes de tous genres, principalement des vins, et par la facilité des transports sur
les voies ferrées nouvellement ouvertes, les agricul-
teurs, les vignerons, vendirent leurs bestiaux et les produits de la terre à des prix très élevés, ce qui amena
dans les campagnes une prospérité que les masses
ignorantes ont attribuée si bêtement à l'empereur, à
qui elles sont redevables seulement des milliards de
la dette résultant de la guerre contre l'Allemagne.

Les recettes de l'octroi dépassèrent, pendant plusieurs années de 8 à 10,000 francs la moyenne ordinaire. Il faut donc rendre au temps ce qui appartient au temps, à Gaubert ce qui appartient à Gaubert. Celui-ci est assez bien partagé, puisqu'il est admis que la ville lui doit le rétablissement et la consolidation d'une bonne situation financière.

Sur sa proposition, le conseil plaça la poudrière à la Croix-des-Frères, donna une indemnité de 1,500 francs aux propriétaires des maisons de la rue de Sébastopol qui, ayant à faire des réparations urgentes, avaient consenti à reculer, ou avaient été obligés à le faire, par suite de la démolition des bâtiments voisins; il fit reconstruire la maison du concierge du cimetière ; restaura l'hôtel-de-ville, dont l'aménagement fut changé, l'ameublement renouvelé.

Cette restauration fut la seule dépense de luxe que se permit le maire économe ; ce n'est pas nous qui la lui reprocherons. Elle a donné à l'hôtel-de-ville, au rez-de-chaussée, des bureaux vastes, clairs, avec lesquels communiquent le cabinet des archives, très bien tenu par le secrétaire actuel de la mairie, Baquier, dont toutes les administrations sous lesquelles il a été employé n'ont eu qu'à se louer, le cabinet du maire, petit mais agréable, celui des adjoints, qui ne s'en sont jamais servi et où nous avons placé la bibliothèque populaire ; au premier étage, la salle des délibérations du conseil, avec sa table à fer à cheval ; la salle des fêtes et mariages, fort bien décorée d'une cheminée de marbre et de glaces que couronnent, en bois doré sculpté, les armes de la ville, qui, données par Louis XIII, sont on le sait, une ruche d'abeilles, ayant des fleurs de lys d'or au-dessus d'un champ d'azur, et au-dessous, pour devise : *Laborando ;* à l'extérieur, le balcon en pierres de taille et à balustrade de fer, le tympan du fronton sur lequel s'étalent les armoiries de la ville, qu'une horloge eût avantageusement remplacées. La restauration des deux clochers et de la façade de l'église, faite par M. Mallet, architecte de la ville de Clermont-Ferrand, qui a coiffé d'un éteignoir en briques peintes l'ancien clocher pointu, a entraîné une dépense bien plus considérable. La ville a dû, pour sa part contributive, débourser 32,000 francs, moitié de la dépense.

C'est aussi une somme de 32,000 francs environ qu'elle a dû consacrer à l'achat de la maison Grenier, qui devait être, comme les deux autres, une dépense improductive. Nous donnerons du reste, plus tard, le compte-rendu, fait par M. Gaubert, de son administration.

A la rentrée des vacances, le préfet autorisa le maire à concéder gratuitement les bâtiments et le mobilier du collège à un sieur Dupuy, chef d'institution à Passy, pour y ouvrir une école libre secondaire. Cette école fut en effet ouverte, et reçut 25 élèves, dont cinq internes. Elle ne tarda pas à être fermée, M. Dupuy ayant demandé bientôt une subvention, que le conseil refusa de lui accorder.

Un petit cimetière fut établi à ce moment pour les morts dissidents ; il n'a reçu que deux ou trois tombes jusqu'au jour où il a été réuni au cimetière commun, sous la République qui a supprimé, avec le *trou des chiens,* où étaient enfouis les libres-penseurs, les criminels et les suicidés, les barrières qui séparent les catholiques des protestants et autres hérétiques.

C'est dans la session légale de février que la ville est mise enfin en possession du capital de dix mille francs donné par l'abbé Redon. Le maire donne lecture d'une lettre par laquelle le receveur municipal demande quel emploi il doit faire de cette somme, encaissée par lui, le 27 décembre 1858. Sur ce, le conseil, en présence des besoins urgents de la commune, décide que pour être tenue plus facilement à sa disposition, cette somme sera placée au trésor dans les conditions ordinaires, et ne sera pas convertie en rentes sur l'Etat.

Après avoir obtenu de l'ex-maire Andrieux la restitution en nature ou en argent du mobilier de la commune, dont il avait orné sa maison, le conseil eut à repousser les prétentions des pères maristes qui, après avoir emporté ou détérioré le mobilier, disant comme Robert Macaire : « Ceci doit être à nous, » réclamaient un fourneau qu'ils prétendaient avoir acheté de leurs deniers. Un règlement de comptes ayant été demandé, les choses en restèrent là, et le fourneau est demeuré au collège jusqu'au jour où il a été remplacé par un nouveau.

L'attentat d'Orsini, qui faillit avec ses bombes faire sauter l'empire et l'empereur, donna au conseil municipal, inutile de le dire, l'occasion d'envoyer à Louis-Napoléon une adresse de félicitations des plus chaleureuses.

Cette tentative, qui n'avait pas abouti et s'était accomplie si loin de notre ville, y eut, comme dans bien d'autres, des conséquences fatales aux proscrits du coup d'Etat. Trioullier, Dufaut, Besseyre (de Vieille-Brioude), Jouve (de Craponne) furent une seconde fois transportés en Algérie, et de nombreuses visites domiciliaires furent faites.

Heureusement pour lui, le docteur Francisque Maigne, qui s'était résigné à ne s'occuper que de ses malades, son confrère Andrieux n'étant plus une puissance du jour, fut oublié.

Les travaux d'entretien et de réparation de l'école communale commençaient à coûter cher à la ville de Brioude. Une partie du mur séparant le jardin des Frères de celui de l'entrepreneur Vincent s'étant écroulée par suite de la pose d'un escalier, il fallut dépenser 300 francs pour le refaire.

Les dames de Saint-Vincent de Paul quittèrent alors Brioude. Le maire Andrieux les avait fait venir pour remplacer à l'hôpital les dames de Nevers, et il n'avait pas pu y parvenir ; le bureau d'administration de cet établissement n'avait pas voulu entrer dans ses vues, pas plus que remplacer le docteur Héraud, médecin de l'hospice, ce qu'il aurait aussi désiré. Il leur avait alors donné la direction de la salle d'asile. Ce fut aux sœurs de Saint-Joseph qu'on donna la direction de la salle d'asile, comme celle de l'école des filles.

Au commencement de l'année suivante (1860), la ville, sur la demande de la préfecture, est dotée d'un bureau télégraphique, qui est établi dans la maison communale dite la *franc-maçonnerie*.

La vieille halle aux grains s'écroula, un beau jour, sans que personne heureusement fût pris sous ses ruines, et le marché aux grains fut provisoirement transporté dans l'ancienne église des pénitents, qui avait servi de chapelle au collège sous les maristes.

Le cimetière est agrandi de 15 ares. Des plantations y sont faites.

Le renouvellement du conseil municipal eut lieu le 18 avril 1860. M. Gaubert ne fut pas élu.

Un décret impérial du 14 juillet suivant nomma maire M. Gaubert, adjoints MM. Belmont Frédéric et Albanel, notaire, qui fut peu de temps après remplacé par M. de Douhet. Les conseillers nouveaux furent : MM. Belmont, Albanel, Boyoud, banquier, Héraud, médecin, Crespe, Baudouin, Mouret, Mosnier, juge de paix, Camille Blanc, Alfred Grenier, Paul Maigne, Faurot, notaire, Chambe, Faucher, cultivateur, Gauthier, Raphanel, Vincent, entrepreneur, Bouquet, Gallice, Sicard, charpentier, Hyvernoux, Peyrier, pharmacien, Chanson, notaire.

Le conseil consacra 1,500 francs à la restauration de la fontaine du Postel. C'est la seule dépense qu'il ait faite pour donner de l'eau à boire aux habitants.

En mai 1861, à la suite d'un rapport du maire, sur la restauration de l'église, le conseil, si parcimonieux pour les dépenses les plus urgentes, décida que la ville contribuerait pour 32,000 francs à la dépense reconnue nécessaire pour refaire les terrasses, reconstruire le clocher pointu, dépenses qui s'élevaient à 64,000 francs, et dont le gouvernement prenait à sa charge la moitié. Cette somme devait être couverte par une souscription de 20 centimes sur les quatre contributions pendant trois années consécutives, avec adjonction d'un crédit ouvert au budget. La surimposition fut votée au scrutin secret, par l'assemblée des plus imposés, le 17 mai 1861, à la majorité de 32 oui contre 7 non, sur 39 membres présents; cette surimposition fut de 9,553 fr. pendant trois ans.

La commune eut à verser au trésor la somme de

217 francs pour le droit de la mutation opérée au profit de la commune, de la maison dite de la *franc-maçonnerie,* le 8 août 1860, par suite de l'appropriation au service télégraphique de ladite maison et dépendances, dont la commune jouissait depuis longtemps, sans opposition, en en payant les impôts, et où elle avait déjà fait à différentes époques des réparations de conservation et d'entretien.

En vendant cette maison, en 1886, la ville a fait donc légitimement acte de propriétaire, bien que quelques personnes aient contesté son droit, en paroles au moins.

Le 29 septembre 1861, le maire proposa de construire une halle aux grains sur l'emplacement des maisons Grenier et Guyot-Aussandon, dont les propriétaires demandaient 60,000 francs; mais il aurait été possible d'en revendre une partie après l'ouverture de larges rues autour du nouveau bâtiment. Le conseil adopta à l'unanimité cette proposition, en ajournant pour le moment l'achat de l'*Hôtel-du-Nord,* les grains pouvant se vendre provisoirement dans les cuvages, hangars et pièces du rez-de-chaussée de la maison Grenier. Il consacra ainsi 32,000 francs à l'achat d'une maison qui devait être démolie, c'est-à-dire de l'emplacement seul, qui après la démolition de l'*Hôtel-du-Nord* (ancienne maison Aussandon) serait revenu à 60,000 francs. C'était une autre folie différente de celle faite, lorsque les plus imposés refusèrent d'acheter 20,000 francs la maison Monestier, qui après avoir été divisée, en vaut cent mille aujourd'hui ; heureusement elle ne fut pas réalisée.

La maison Grenier est restée debout et produit à

la ville un revenu bien supérieur à l'intérêt du capital déboursé, alors qu'une halle élégante, spacieuse, s'est élevée sur ses cours.

Le temps des missionnnaires était revenu. Des prédicateurs étrangers étant venus réchauffer la foi de nos populations, les processions, les sermons, les confessions et autres cérémonies de ce genre, devinrent la grande occupation, la grande attraction — comme on dirait maintenant, — de la ville entière.

Nombre de ratapoils et quelques-uns de ceux qui s'étaient montrés des républicains du rouge le plus ardent, des *avale-prêtres-tout-crus,* comme les Ferrier, plâtrier, Charlot Fontès, Merle-Matagot, se convertirent avec éclat, après une communion générale, où ce fut le bon Dieu qu'avalèrent nos ultra-révolutionnaires. Il y eut une procession non moins générale à la suite de laquelle fut plantée, contre le mur de la sacristie, sur la place Grégoire-de-Tours, la croix de mission qu'on y voit encore. Le curé Redon, qui avait béni l'arbre de la liberté du Postel, bénit, et *sempre bene,* cet arbre de la croix, que l'administration et le conseil municipal l'avaient autorisé à élever sur la voie publique.

Le maire Andrieux avait jeté 6,000 francs dans le puits Paramelle, aux portes de la ville pour donner à boire aux habitants, de l'eau qui n'a servi qu'aux grenouilles de son établissement hydrothérapique. Le maire Gaubert voulut aller chercher, au pied de Lavergueure, à Courteuges, commune de Saint-Just, une source qui, d'après le rapport du conducteur des ponts et chaussées, Allary, f.-f. d'ingénieur, devait donner 140 litres par minute, et coûter 80.000 francs, plus 6,000 francs d'indemnités, somme qui, dans le projet définitif, fut portée à 181,000 francs, ou avec un seul tuyau à 104,000 francs. Les études qui furent faites ne coûtèrent du moins que 4 à 5,000 francs. Heureusement, malgré l'approbation donnée au projet par le conseil municipal à l'unanimité, on laissa les sources de Courteuges se perdre dans le ruisseau de Ceroux.

Pour remplir les caisses de la ville, saignées à blanc par l'achat de la maison Grenier et la subvention pour l'église, il fallut faire argent de tout. Ce fut avec l'instruction primaire que M. Gaubert et son conseil voulurent battre monnaie. Malgré le traité par lequel l'école communale congréganiste devait donner l'instruction gratuite, il fut arrêté qu'une rétribution scolaire serait payée par les enfants des familles non indigentes.

Plusieurs projets de travaux d'utilité publique ont été, sous cette administration, présentés ou mis à l'étude ; mais aucun n'a été mis à exécution. De ce nombre sont ceux relatifs à la défense de la plaine de Brioude, à l'exécution du règlement d'eau imposé, en 1860, aux meuniers qui, alors comme aujourd'hui, n'en tinrent aucun compte et inondent les propriétés riveraines.

Le conseil invita notamment le maire à contraindre par toute voie de droit les propriétaires des usines situées sur le bief de l'Allier, à remplir à bref délai les obligations imposées par le règlement d'eau du 24 août 1860. 28 ans ont passé depuis ce premier règlement, qui a été suivi de plusieurs autres, et malgré les procès-verbaux, les arrêtés préfectoraux, les récla-

mations des riverains, M. Pradier-Faurot persiste à
faire, en 1888, comme il faisait en 1862, aux propriétaires ses voisins, tout le mal possible sans profit pour
son usine, qui tombe en ruine.

Une des bonnes délibérations du conseil municipal
fut celle par laquelle une somme de 7,000 fr. fut consacrée à la démolition de la maison Montalban, dans
la rue Aguilher. C'est de cette époque que commence
l'élargissement de cette rue, comme de la rue de Sébastopol, dont les dernières maisons obstruant la circulation, ont disparu sous notre administration.

La restauration de l'hôtel-de-ville est votée en 1867.
La dépense s'élève à 11,757 francs. La décoration de
la grande salle, les encadrures des fenêtres en fonte,
entrent pour une part assez grande dans cette dépense.

Le loyer de la maison Grenier (achetée 32,880 fr.),
dont les décharges étaient occupées par le marché
aux grains, ne s'élevait qu'à 900 francs. Il est monté,
en 1886, à plus de 2,000 francs.

Le procès intenté à la compagnie P.-L.-M., pour
laisser l'entretien de l'avenue de la gare à sa charge,
fut perdu, ce qui induisit en dépense la ville, qui ne
put obtenir que sous mon administration, à titre de
tolérance, d'établir à droite de l'avenue une contre-
allée, ou trottoir, des plus utile pour les piétons.

Ce fut en 1865 que, au mois d'août, sur la déclaration du maire, revenant de Clermont, qu'il est d'accord
avec le recteur, le conseil prit sur la question du collège la délibération suivante :

« Le collège sera rétabli à titre et dans les conditions d'un établissement d'enseignement secondaire

spécial. Le recteur est prié de pourvoir, dans le plus bref délai possible, à la réorganisation, dût-elle n'être pas complète d'abord, à la condition qu'un professeur de langues mortes sera compris dans le nombre des premiers professeurs à nommer. »

Il fut entendu que le cours de latin, comme préparation à des études littéraires plus complètes, devait occuper une grande place dans la nouvelle organisation, qui, dans tous les cas, comportait l'annexion d'un cours de français.

C'était, on le voit, un établissement d'enseignement spécial d'un genre hybride, dont on demandait la création. Il aurait un peu ressemblé à ceux qui, en 1887, tendent à remplacer dans beaucoup de petites villes les collèges classiques.

Le maire enterra dans ses cartons cette délibération, qu'il avait fait adopter pour montrer son désir de donner un collège à la ville, et qu'il pouvait exhiber, comme il le fit plus tard, lorsqu'on lui reprocha de l'avoir laissé fermé pendant sa longue administration.

Pendant sa longue administration, le maire ne songeait guère à encourager les beaux-arts. Cependant le sous-préfet d'alors, M. Dorville, qui faisait de la chronique locale dans le journal de la sous-préfecture, obtint de lui qu'il laisserait transformer aux frais d'un entrepreneur, en salle de spectacle, l'ancienne chapelle du collège qui avait cessé d'être le marché aux grains. Pendant deux hivers, une troupe de comédiens, après avoir installé des gradins et des tribunes ressemblant fort à des cages à poulets, y donna des représentations qui furent très suivies. De nos jours, cette chapelle est devenue enfin une salle élégante, bien distribuée, commode, avec un théâtre, des décors, un éclairage, dont une petite ville peut bien se contenter. Et cependant, les dames de la bourgeoisie, par dévotion ou par genre, n'y viennent pas, pour le plus grand nombre, assister aux représentations que donnent même des acteurs et actrices de Paris, faisant des tournées en province.

Dans le budget de 1886, les recettes et les dépenses ordinaires se balançant, étaient évaluées à 63,880 fr.

Le projet de fontaines par Courteuges étant définitivement abandonné, celui par une dérivation de l'Allier parut impraticable. Enfin, sur les indications et sur les conseils de M. Coume, ingénieur en chef de la Haute-Loire, le conseil prit en considération le projet de prise d'eau à la Senouire, qui, proposé et mis à l'étude en l'année 1865, ne fut définitivement adopté et commencé que sous l'administration de M. Couguet, en 1870, continué et terminé sous les administrations qui se sont succédées depuis. La dépense était alors évaluée à 150,000 francs pour une conduite à Brioude de 2,400 litres d'eau ; à 180,000 fr. si l'on voulait en amener 4,000 litres à la minute. Les ressources disponibles étaient de 73,000 fr. Un emprunt devait parfaire la somme nécessaire à l'exécution des travaux, si l'excédent de recettes, évalué à 20,000 fr. par an, ne suffisait pas à parfaire la somme prévue.

Il est probable que les crédits ouverts aux budgets dressés le mois de mai précédent pour travaux des fontaines, faisaient double emploi, et que les excédents en fin de compte étaient absorbés, en tout ou en partie par d'autres dépenses extraordinaires, car l'exécution des travaux fut ajournée indéfiniment.

Il faut dire que sur ces entrefaites le conseil municipal avait été renouvelé par l'élection ; et les nouveaux membres n'entendaient pas se laisser mener par
le bout du nez comme les anciens. Les mesures vexatoires, autocratiques, de l'ancien pédagogue, qui
avait l'air ou se donnait le genre d'administrer Brioude
la férule en main, avait profondément mécontenté,
irrité notre population, qui avait gardé sous les
plus mauvais jours de l'empire une certaine indépendance.

Les conseillers élus furent : MM. Eugène Couguet,
778 voix ; Reynaud Frédéric 760 ; Paul Leblanc, 743 ;
Allemand, 735 ; Amable Beraud, 734 ; Blanc Camille,
731 ; Hyvernoux, 731 ; Porte, avoué, 701 ; Touche-
beuf-Dixain, 701 ; Doniol-Coutel, 699 ; Marchet Amable, 693 ; Facy, propriétaire, 696 ; Grenier-Delherme,
id., 690 ; Quintin-Tourrette, 686 ; Marcon, boucher,
691 ; Coupe, notaire, 687 ; Soule-Chalier, 681 ; Touchebeuf, avocat, 673 ; Cazin, maître d'hôtel, 667 ; Héraud Gustave, 665 ; Monnier-Boire, propriétaire, 679 ;
Paul, banquier, 670 ; Albanel, 660.

Les candidats de la liste réactionnaire avaient obtenu : MM. Crespe, avoué, 453 voix ; Mosnier, juge
de paix, 419 ; Pradier-Faurot, président du tribunal
de commerce, 381 ; de Pons, 391 ; Blanc-Roussel, adjoint, 368 ; Belmont Frédéric, adjoint, 367 ; Allary,
conducteur des ponts-et-chaussées, 366 ; Gaubert père,
maire, 361 ; Grenier Alfred, notaire, Mouret, propriétaire, Chanson, notaire, 357 ; Vincent, entrepreneur,
Périer, pharmacien, 356 ; Vilatte, marchand de grains,
354 ; Sicard, charpentier, 349 ; Faucher Jean, cultivateur, 302 ; Reynard-Mouret, 342 ; Paul Maigne, avo-

cat. 341 : Hyvernoux, propriétaire, 340 ; Granat, dit *Jean Mas,* 333 ; Gallice père, imprimeur, 304 ; Astier, bottier, 296 ; Raphanel Félix, marchand de fer, 288.

Amable Beraud donna sa démission. Nous ignorons pour quelle cause.

Le résultat de ces élections communales fut le symptôme le plus significatif de la transformation qui s'était opérée dans l'esprit politique de notre population. Pendant les premières années de l'empire, elle avait subi le joug de l'homme de Décembre sans enthousiasme, mais sans faire aucun acte d'opposition aux volontés du pouvoir. Les candidats officiels à toutes les assemblées électives étaient élus à l'unanimité, aucun candidat indépendant ne voulait lutter contre le candidat du pouvoir, se sachant d'avance battu : les plus courageux s'abstenaient, ce qui ne les empêchait pas de voir souvent leurs noms figurer sur les listes d'émargement. Les peureux portaient un billet blanc qui, sous la baguette des maires imposés par le préfet, se transformait en bulletin de vote dans l'urne, qui, pendant la nuit, restait déposée à la mairie. C'était à l'unanimité que les candidats de l'empereur étaient élus. Ennuyés ou fatigués de la servitude volontaire qu'ils avaient acceptée, croyant être dans l'impossibilité de s'y soustraire, ceux qui étaient restés républicains croyaient le moment venu de faire acte d'indépendance.

Une partie de la bourgeoisie, bien que bonapartiste, commençait elle-même à supporter impatiemment le despotisme des fonctionnaires, qui se croyaient tout permis. La majorité profita avec empressement de l'occasion que lui donna le renouvellement des conseils municipaux, pour mettre à la porte de l'hôtel-de-ville les gaubertistes les plus ardents, qui étaient remplacés par de jeunes conseillers d'une opposition plus avancée.

L'année précédente, la lutte avait déjà commencé pour les élections au conseil général ; mais ce fut encore la candidature officielle qui avait triomphé grâce à l'intervention de M. Léonce Guyot, qui entrait en lutte pour la première fois.

Originaire de Brioude, qu'il avait quitté tout jeune, et où il n'était pas revenu, ce jeune ambitieux, que l'on savait vaguement avoir mené à Paris la vie à grandes guides, et qui, quelques années plus tard, devait tant faire parler de lui, se posant alors en démocrate bonapartiste, fit l'honneur à sa ville natale de venir se présenter aux suffrages de ses concitoyens sans que personne ne l'eût appelé.

Le candidat officiel était M. Joseph Thomas-Delcher, président du tribunal civil, un ancien républicain voltairien devenu bonapartiste clérical, que l'influence du clergé fit bientôt arriver à la cour d'appel de Riom, où il devint président de chambre.

L'opposition véritable portait M. Frédéric Reynaud, dont les opinions étaient libérales, mais qui ne passait pas pour un révolutionnaire ni même pour un républicain.

Le résultat du scrutin fut : J. Thomas, 1,583 suffrages ; Frédéric Reynaud, 1,140 ; L. Guyot-Montpayroux, 211. Sur 900 votants, Brioude avait donné 498 voix à Frédéric Reynaud, 375 à J. Thomas, 51 à L. Guyot-Montpayroux.

Ce candidat. battu mais pas content, ne put pardonner son éclatante défaite aux habitants de l'arrondissement, du canton et de la ville de Brioude, où, flanqué d'un de ses anciens domestiques et d'un républicain passé au vert-de-gris badinguétiste, il avait fait aux électeurs une chasse qu'il avait supposé devoir lui être très favorable. En partant, il lança la flèche du Parthe :

« L'arrondissement de Brioude, écrivit-il dans une petite brochure, est malade de deux épidémies qui règnent depuis quelques années dans ce malheureux pays et le divisent. A part 4 à 5,000 citoyens robustes, qui ont résisté à l'intensité du mal, vivent tranquilles chez eux, il est tout entier renfermé dans deux vastes hôpitaux : l'hôpital des peureux et celui des aveugles. En temps ordinaire, leur maladie est assez calme ; mais elle a certains accès aigus, pendant lesquels les aveugles se livrent à mille excentricités, crient, gesticulent, marchent comme des hommes ivres, s'habillent de rouge pour mieux se reconnaître.

» Ce jour-là, les peureux sont blancs de peur et s'organisent à leur tour en bataillons carrés. La ville ressemble, le soir, à ce que devait être la République des Ilotes, quand on célébrait la fête des fous. Les peureux ont pour chef le préfet, qui se nomme assez généralement Jupiter. Les aveugles, qui sont à peu près 12,000, ont aussi un chef. Parfois pourtant, comprenant qu'ils sont la dupe de cet homme, les aveugles se préparent à le renverser. Mais lui, qui connaît le prestige de l'absence, feint d'être en butte à une persécution imaginaire ; il entonne le refrain de *Malborough,* et faisant comme le quatrième officier de la chanson, il s'en va dans une autre patrie s'adonner quelques mois aux douceurs d'un exil volontaire. »

C'était moi, alors sur la terre étrangère, expulsé par celui dont il était un des adulateurs, qu'il appelait le chef des aveugles, se disant victime d'une persécution imaginaire, goûtant les douceurs d'un exil volontaire. Etant loin de Brioude, je n'avais pas même pu m'occuper de l'élection qui venait de s'y faire. Il me fut facile de crosser le vicomte de Montpayroux dans une brochure intitulée : *Réponse d'un vieux démocrate républicain à un jeune démocrate napoléonien*. C'était le premier engagement que nous eûmes ensemble. Nous ne devions pas en rester là. Faisant feu contre feu, je devais le combattre et être combattu par lui jusqu'à ce qu'il eût disparu, par une maladie cruelle, de la scène politique.

Dans l'arrondissement, parmi les conseillers élus figuraient 92 maires, 12 qui n'avaient pas recueilli le nombre de suffrages nécessaires pour passer au premier tour de scrutin. Deux ne s'étaient pas présentés.

A Brioude, une fournée de conseillers plus colorés que les anciens était venue renforcer l'opposition.

La population, les nouveaux conseillers, M. Gaubert lui-même, croyaient que l'administration municipale serait prise dans le sein du conseil municipal.

Ce fut à ce moment que retentirent dans les rues de Brioude les *Lamentations d'un Maire rendu aux douceurs de la vie privée*. Elles parurent dans un imprimé venu on ne savait d'où :

LAMENTATIONS D'UN MAIRE

Admis par le suffrage universel à faire valoir ses droits à la retraite

25 JUILLET

Nous sommes dégommés, madame la mairesse !
Il me faut dire adieu, le cœur plein de tristesse,
A *mon* petit jardin où, sous les arbres verts,
Je faisais la sieste et composais des vers,
A *mon* doux cabinet de travail et d'étude
Où je trouvais le calme avec la solitude,
En laissant les tracas du ménage au logis ;
A *ma* salle d'honneur où je trône et j'agis,
Armé de ma férule, en ancien pédagogue,
Sanglé de ma ceinture, en petit pacha rogue,
Quand je dis la leçon aux écoliers soumis,
Que j'ai faits conseillers par les voix des amis,
Ou qu'au nom de la loi je commande mon garde :
Adresse un compliment, de ma voix nasillarde,
Aux époux que j'unis ; fais tirer mes conscrits :
Transforme en arrêtés mes caprices écrits.
Il me faut dire adieu à mes agents fidèles
Qui flairaient les délits dans les moindres ruelles.
A mes vaillants pompiers que si bien tant de fois
Je pus encourager... du geste et de la voix ;
A mes bons employés des octrois, des barrières.
Qui savaient me tirer l'argent, même des pierres :
A ma belle musique, à mes bruyants tambours.
Dont je regretterai les aubades toujours :
A *ma* mairie, enfin, si belle, si coquette,
Qui, pour me faire honneur, a pris habits de fête.
Je n'irai plus peser les veaux sur les marchés ;
Ni déranger dans leurs amours trop peu cachés
La gent canine, amante, on le sait, du scandale :
Inspecter les caveaux où j'ai serré ma halle ;
Sur les places compter les choux verts, les œufs frais

Qui doivent être cuits avec taxes et frais ;
Conduire à la prison les porcs, race incongrue,
Surprendre la poulette en faute dans le rue :
Pourchasser les matous qui, bravant mes rigueurs,
Sans pudeur, sous mon nez, vont arroser mes fleurs ;
De mes procès-verbaux faire tomber la grêle
Sur la plèbe indocile à mes ordres rebelle ;
Bousculer ou briser les paniers turbulents,
Pour se mettre à la file ou pressés ou trop lents :
A la brune, sonder sous le fer de mes cannes,
Des vieux murs lézardés la plaie et les arcanes.
Et de Sébastopol le dernier bastion
N'a plus à redouter la démolition.

C'en est fait ! je ne suis plus rien. Le sort contraire
A fait sortir de l'urne où jadis, sans mystère,
Les maires, le pouvoir, couvaient leurs vrais amis,
Un conseil composé de tous mes ennemis.
N'étant plus imposé, par ordre, à la commune
Pour premier magistrat, quelle est mon infortune !
Un autre jouira des honneurs que j'avais ;
Ceindra l'écharpe aux glands dorés que je portais :
Ira se prélasser aux bancs de la fabrique
Où, béat, j'aspirais l'encens et la musique
Qui fumait, qui chantait pour moi dans les saints lieux
Que j'avais mis à neuf en rapiéçant du vieux,
Avec les louis, l'argent, les sous, non des fidèles,
Mais ceux pris par l'impôt au fond des escarcelles
De mes administrés, tout fiers, tout glorieux,
De jeûner ici-bas pour voir monter aux cieux
Leur église au toit rouge, au clocher roman-welche
Si crânement coiffé de son lourd casque à mèche.
Ce maire usurpateur de mes droits éclatants,
Qui me vole ma place et la croix que... j'attends,
Je le verrai bientôt faire arracher les herbes
(S'élevant aussi haut que dans nos champs les gerbes)
De la cour du collège où je fus professeur,
Et qu'ayant vu périr dans les mains d'un docteur
Dont, grâce à moi, la ville a payé les sottises,

Je voulais enterrer avec les gens d'églises
Que sa *grandeur* Du puy, vrai fils de Loyola,
Si j'avais bien payé, jamais dans ce cas-là
Ne m'aurait refusés. Je le verrai, le traître,
A la science ouvrir des classes où le prêtre
Et les rats ont régné depuis la réaction ;
Faire donner à tous, sans rétribution,
L'instruction, commune, obligatoire, forte,
Qui fait les citoyens que leur mérite porte
Sans faveurs aux emplois, et les indépendants,
Electeurs, conseillers, maires, représentants,
Qui, sur le vain motif que le peuple est le nombre
Et travaille au soleil pour les oisifs à l'ombre,
Lui parlent de ses droits et de l'égalité ;
Et demandent pour lui justice, liberté :
Principes subversifs, de tout pouvoir, de l'ordre.
De la religion, apportant le désordre
Dans la famille, et que nos chers ignorantins,
Inventés pour former un peuple de crétins
Bien pensants, bien soumis, ne manquant aucun prône,
Serviteurs dévoués de l'autel et du trône,
Portant joyeusement leur bât sans se fâcher,
Auraient su promptement de *ma* ville arracher.

Disloquant mes budgets grossis par des recettes
Que je tirais de tout, des foires et des fêtes,
Du bois sec, des bœufs gras, du charbon, des poissons
Et du beurre et du foin, et surtout des boissons
Dont mes rats, mes limiers, buvaient le plus liquide ;
Brisant mes plus beaux plans qu'ayant choisi pour guide
Le grand démolisseur de la grande cité,
J'allais exécuter, pour que mon nom, cité
Entre tous, fût gravé sur l'airain, sur la pierre,
Les nouveaux conseillers vont faire de l'eau claire :
Récolter ce que j'ai semé ; sous le boisseau
Mettre tous mes projets ; amener le ruisseau
Que j'ai su découvrir par delà *ma* rivière,
Sur nos places, nos prés et dans *mon* cimetière
Où je vais, en rêvant à mes secrets amours,
Cueillir à pleines mains des roses, tous les jours ;

Et quand ma bonne ville enfin désaltérée
Voudra, comme toute autre, être bien éclairée,
Pour Marie à la coque avoir des lampions ;
Offrir à St-Julien des illuminations ;
Substituer le gaz à la lanterne antique
Que, par un arrêté de haute politique,
Doivent seuls allumer, pour l'amour des passants,
Les vendeurs de boissons, la nuit, à leurs dépens,
Alors, mes successeurs, conseillers, adjoints, maire,
D'un beau zèle enflammés, pleins d'ardeur à bien faire,
Pour me faire oublier et payer, à la fois,
Leur dette aux travailleurs dont ils ont eu les voix,
Vont supprimer les droits mis sur le nécessaire,
Refuser tout impôt qu'on demande pour faire
Des dépenses de luxe, emprunter seulement
(Sans grever l'avenir au profit du présent)
Lorsque besoin sera de fonds pour chose utile,
Productive, et non plus pour embellir la ville
En appauvrissant plus ou moins ses habitants,
Comme cela se fait partout de notre temps.
   Ainsi moi, tout vivant, celui qui m'assassine,
Héritera de moi, causera ma ruine !
Mais je ne veux pas voir ces abominations.
Secouant, sur ce sol de désolations
Où je suis méconnu, de mes pieds la poussière,
Je vais sous d'autres cieux, dans une autre carrière,
Demander au pouvoir les honneurs et le rang
Dûs au maire emporté par les flots du torrent
Populaire. Adieu donc ! pour jamais je m'exile,
J'abandonne à son sort la malheureuse ville
Que j'allais inonder et de bonheur et d'eaux.
O pays trop ingrat, tu n'auras pas mes os.

Sous l'empire, comme plus tard sous le règne de
l'ordre moral, la ville se vit imposer par un gouvernement anti-démocratique une administration ramas-
sée dans les épaves du suffrage universel.

Peu de temps après l'installation du conseil municipal, un décret nommait maire M. Gaubert, deux fois blacboulé, et adjoints MM. Frédéric Belmont et Blanc-Roussel.

Maintenant, ce fut un *Chant de Victoire* qu'entonna le nouveau maire. Voici ce morceau de poésie brivadoise, provenant du même tonneau que le premier :

CHANT DE VICTOIRE

15 AOUT

Victoire! je triomphe en dépit de l'intrigue
Ourdie habilement par les chefs d'une ligue
Dite du bien public : je redeviens le roi
De la cité rebelle au pouvoir, à ma loi,
Qui sous César se croit encore en république :
Se donne, pour veiller sur la chose publique,
Des mandataires pris dans les anciens partis
De leurs vieux préjugés n'étant jamais sortis ;
Prétend briser le joug du gendarme, du prêtre,
Du mouchard, trinité qu'esclave sous un maître
Le pays tout entier est tenu d'adorer,
De craindre, de servir; ose se séparer
Des troupeaux de moutons que leurs maires font paître
Et tondent pour la gloire et le profit du maître.
    Et parce qu'orateurs, journaux, soir et matin,
Chantent sur tous les tons qu'aux grands jours du scrutin,
Le peuple est souverain, lui, prenant à la lettre
Cette blague, inventée avec celles, peut-être,
L'empire c'est la paix, et *le couronnement*
De l'édifice, a cru, par un vote insolent
Renverser un conseil digne, sans flatterie
D'être appelé sénat, chasser de sa mairie
Un maire sans égal, nommé par l'empereur,
Le faire remplacer par un usurpateur
Choisi dans les vingt-trois, où la voix populaire
Demandait que l'on prit les adjoints et le maire.

Ah! sujets révoltés, je vais vous faire voir
Ce que peut un vaincu qui revient au pouvoir
Par le droit du plus fort, avec l'âme ulcérée,
Et tout malade encor d'une place rentrée.
Pour vous amadouer, j'ai pendant quelques jours,
Fermé les yeux sur tout, fait patte de velours,
Laissé dormir sergents de ville et commissaire :
Donnant aux chiens, aux chats, aux porcs droit de tout
Sur vos places, faisant défense à mes agents   [faire
De poursuivre ou vexer les bêtes ni les gens.
J'ai serré prudemment au fond d'un secrétaire
Tous mes procès-verbaux, de crainte de déplaire
Aux délinquants petits ou grands, mais électeurs.
Et mis une sourdine à ces airs protecteurs,
A ce ton arrogant, à cette outrecuidance
Dont j'abusais si bien quand j'avais la puissance.
Je me suis fait câlin, prévenant, doucereux,
De ne rien refuser paraissant tout heureux ;
Promettant qu'on n'aurait plus de taxes si fortes
A payer ; qu'une eau pure amenée à nos portes
Par le chemin de fer, et sans qu'il fût question
Du plus léger emprunt, de surimposition,
Jaillirait, avant peu, de superbes fontaines,
Ornement de vos murs ; que les plaintes, les haines
Que fit naître et grandir mon administration
Feraient place à l'amour, à l'admiration,
Pour le maire phénix que Paris nous envie,
Prêt à sacrifier sa fortune et sa vie,
A se *crucifier* pour ses concitoyens.

Et cela n'a rien fait ! non, non, ces grands moyens
De comédie ont tous échoué ; prolétaires,
Bourgeois, industriels, et les fils et les pères,
Tout ce qui pense, sait, tous les indépendants
M'ont sifflé, m'ont hué, m'ont, avec adjudants
Et bagages, jeté déconfit à la porte
De l'hôtel communal, me traitant de la sorte
Que si je n'avais pas ma vengeance à cuver,
Et si je ne disais qu'on ne pourrait trouver

Un maire aussi capable, aussi digne de l'être
Que moi, je ne saurais dans ma ville paraître,
Siéger dans son conseil, sans que le rouge au front
Ne me montât, ayant subi le double affront
De me voir repoussé par ceux que j'administre
Et d'être maintenu par ordre du ministre.

Maintenant que la honte est bue, et que le jour
Est venu d'être maître et puissant à mon tour,
Qu'un *démon*, de son *puits*, cassant l'arrêt suprême
Du peuple dont la voix est la voix de Dieu même,
Disent de vils flatteurs, m'a remis au pouvoir,
Je puis enfin rager du matin jusqu'au soir,
Laisser sur tous, partout, déborder ma rancune,
Etouffer sans merci toute plainte importune ;
Et mettant, tout de bon, mon bonnet de travers,
Ainsi que le faisait le bon roi *Dagobert*,
Je vais, mes chers sujets, vous tailler des croupières
Qui vous feront, la nuit, voir dix mille lumières.
Je vous imposerai, vous surimposerai
Et vous démolirai, taillerai, taxerai ;
Je verbaliserai, sans trêve, sans relâche,
Pour imposer silence à qui m'appelle lâche,
Et clabaude en tous lieux que je n'ai pas de cœur
Parce que j'aime mieux les honneurs que l'honneur.
Et vous, *mes conseillers,* qui pensez, je soupçonne,
Me donner des conseils, ôter à ma couronne
Ses fleurons les plus beaux, combattre mon vouloir
Et me faire la loi, partager mon pouvoir.
Je ferai tout, sans vous, malgré vous, dans la ville
Où vous avez semé la discorde civile.
Vainement, vous voudrez repousser mes projets,
Refuser des crédits, rejeter mes budgets :
Si nous vous consultons, ce n'est que pour la forme,
Tout passera, je règne ! et vos plans de réforme
Dont on fit tant de bruit seront tous enterrés.
Du collège les murs, loin d'être réparés,
Resteront éventrés, comme si la mitraille,
Les avait bombardés ; la bigote prêtraille,

Ainsi que vous nommez, fils de l'impiété,
Ces saints hommes de Dieu, qui dans l'obscurité,
Tiennent, pour de l'argent, école d'ignorance,
Et façonnent si bien l'homme à l'obéissance,
D'élever vos enfants et donner l'instruction
Orthodoxe, restreinte, aura seule mission.
Pour moi, dans ce beau jour, je renais à la vie
Puisque je puis braver et la haine et l'envie,
Reprendre, avec mon rang, mon écharpe, mes droits,
Et l'espoir de me voir attacher à la *croix*.
Impérialement, pour célébrer la fête
De Saint-Napoléon, date de ma conquête,
J'accorde une amnistie à ceux qui la voudront
Et d'être obéissants au maire jureront.
Mais rentrant en vainqueur dans ma chère mairie
Où je ferai bientôt venir ma coterie,
J'entends régner en paix (màtant la faction
Par qui je fus vaincu), sur la population
Qu'a mise sous ma loi mon protecteur *d'hors ville*
Le marquis Papillon, et notre chef de file
Haut et puissant baron, muet, mais bien en cour
(Qui reçoit pour voter soixante francs par jour ;
Et je veux régenter la campagne et la ville
Mener à la baguette une foule indocile.
Enfin, après avoir bu l'absinthe et le fiel,
Ayant pour me nourrir l'ambroisie et le miel
De nos dieux d'ici-bas, me plongeant dans l'ivresse
Que donne la puissance à la froide vieillesse,
Savourant le pouvoir, sans troubles, sans danger
Et le jour et la nuit, je vais me *goberger*.

Ces tuiles tombaient sur la tête du maire, qui, ayant
lui-même cherché à tourner en ridicule ses adversaires du conseil municipal en *vers* et contre tous,
n'était puni que par où il avait pêché. Mais attaquer,
blaguer un maire de l'empire, en ce temps-là, quel
crime abominable !

Furieux de se voir ainsi *pourtraicturé* tout vif, avec ses manières et ses manies, M. Gaubert faillit mettre la ville en état de siège, sous prétexte que ces écrits, qui circulaient, imprimés et manuscrits, sans nom d'auteur ni d'imprimeur, étaient injurieux pour l'empereur, et excitaient à la haine et au mépris de la religion comme de l'administration. Des visites domiciliaires furent faites par le parquet, la police, la gendarmerie, dans les couvents, établissements d'instruction publique et imprimeries de la ville, pour découvrir l'auteur, l'imprimeur, les copistes ou les complices des pamphlets incendiaires. Une copie manuscrite, qui était tombée par hasard entre les mains d'un mouchard, paraissait avoir été écrite par quelque élève. C'est pour cela que les perquisiteurs firent faire des dictées aux garçons et aux filles de toutes les écoles.

Ils pensaient aussi trouver chez les imprimeurs, bien qu'aucun ne pût être soupçonné d'être un ennemi du gouvernement et de M. le maire, des caractères d'imprimerie semblables à ceux des pièces de vers. La police, la justice, la gendarmerie firent buisson creux, cela est inutile à dire.

C'était de l'étranger qu'étaient arrivés les pamphlets en question.

Le conseil municipal avait été installé le 31 août.

Pour débuter, le conseil décida que le compte-rendu de ses séances serait publié dans l'un des journaux de la localité. Les séances ne pouvaient plus ainsi se passer en famille.

Dans la séance suivante, la discussion porta sur le projet de dérivation des eaux de la Senouire. Chacun avait ou avait eu son projet en poche. Il fut encore question de la dérivation de l'Allier par un canal creusé en amont du pont de Vieille-Brioude, de la conduite des eaux par la rive droite ou la rive gauche de la Senouire, du passage de l'Allier par le viaduc du chemin de fer, le pont de Vieille-Brioude, ou un viaduc spécial sur l'Allier, près le bac de Fontannes (c'était celui d'Amable Marchet), assurant qu'en économisant ainsi 3,400 mètres de conduite on augmenterait la pente de moitié. Les uns demandaient que l'on captât 4,000 litres d'eau à la minute, les autres 2,000. La question était du reste assez importante pour que l'on fît toutes les études nécessaires. En définitive, à la suite de visites des lieux, de longues discussions, de rapports détaillés et intéressants de MM. Albanel, notaire, et Touchebeuf, avocat, sur la quantité d'eau nécessaire aux habitants, la nature et la direction de la conduite, le conseil, par 18 voix contre 2, adopta le projet de la prise des eaux de la Senouire, en amont de Lavaudieu, la conduite par la rive gauche du ruisseau, et la traverse de l'Allier sur le pont de Vieille-Brioude.

C'était le projet présenté par M. Coume, l'habile ingénieur des ponts et chaussées, à qui Brioude est redevable et reconnaissant de son remarquable et utile système de fontaines jaillissantes.

Le conseil éleva, par 16 voix contre 4, à 4,000 litres par minute le volume des eaux à conduire, et délibéra que la dépense serait couverte par un emprunt dont le mode de réalisation, le montant, le taux des intérêts seraient fixés ultérieurement par l'assemblée des plus imposés.

Pendant les longs siècles que la ville de Brioude

était restée sous la domination de ses seigneurs spiri-
tuels et temporels, les comtes-chanoines du Chapitre
de Saint-Julien, il ne paraît pas que ces maîtres aient
cherché à donner à leurs sujets des eaux de bonne
qualité. On était d'abord, dans ces temps-là, moins
difficile, moins délicat qu'à notre époque. Ensuite, nos
chanoines buvaient d'ailleurs plus de vin que d'eau.
Seulement, autant pour préserver leurs caves de l'infiltration des eaux de pluie que pour assainir leurs
maisons, ils avaient fait construire un système de ca-
naux souterrains qui nous auraient rendu encore de
grands services s'ils avaient été conservés ou retrou-
vés.

Voici la partie du rapport de M. Touchebeuf relative à l'historique de la question :

« Lorsqu'enfin il fut donné à la ville de Brioude
de vivre de la vie communale et de s'administrer par
le concours de tous ses citoyens, la pensée dominante
de ses premiers magistrats fut l'établissement de fontaines. Sur un rapport accompagné de devis, présenté
par M. Duranson, ingénieur des ponts et chaussées
du district, le conseil général de la commune décida
(séance du 28 novembre 1793) que les sources de la
Croix-de-Saint-Pierre seraient conduites à la place
aux Toiles. Le résultat de ce premier essai fut l'établissement de la fontaine que nous voyons encore aujourd'hui et qui, malgré son faible débit, constituait
à cette époque un véritable bienfait. Toutefois, pénétré de son insuffisance, M. Duranson proposa au procureur général de la commune (Jean-François Talairat) un plus vaste projet qui, s'il avait pu se réaliser,
aurait été pour notre pays une source de richesses.
Il s'agissait de construire un canal qui, dérivant des

eaux de l'Allier, permettrait, non seulement d'alimenter la ville, mais d'augmenter la fertilité de la plaine
par la création de prairies. Sur la proposition de son
procureur général, le conseil de la commune (séance
du 1er décembre 1793) chargea le citoyen Alluys
de présenter une adresse à la Convention pour lui
demander la prompte exécution de ce travail. Après
des démarches faites par le citoyen Alluys auprès de
la commune de Paris, ce projet, d'ailleurs irréalisable,
ainsi que nous le verrons plus loin, dut tomber dans
l'oubli par suite des préoccupations de cette époque.

» Jusqu'en 1827 les choses restèrent en cet état. A
cette époque M. Marret, alors maire, proposa au conseil municipal (séance du 4 mai) de réparer la fontaine
de la Gazelle et de rechercher les eaux qu'un sieur
Zany espérait trouver dans la plaine de Pré-Bouzoux.
Enfin en 1828 le conseil municipal vota une somme
de 3,042 francs pour ramener au bassin de la place
aux Toiles les eaux de la Croix-de-Saint-Pierre qui,
par suite de la défectuosité des conduites, n'arrivaient
plus à leur destination et se déversaient dans le ruisseau de Geste.

» Mentionnons pour ordre une proposition faite en
1832, pendant la mairie de M. Salveton, par un membre du conseil municipal de cette époque, dans le but
d'amener les eaux de l'Allier au moyen d'une machine
hydraulique, et arrivons à la première tentative sérieu-
sement faite à ce point de vue.

» En 1838 M. Maigne, maire, présenta au Conseil
un travail fait par M. Leclerc, conducteur des ponts
et chaussées, d'après lequel l'eau prise au moulin de
la Vissac devait être élevée, au moyen d'une machine
hydraulique, et conduite à Brioude par des tuyaux de
chêne. Ce projet étudié encore et complété par MM.

Barbier et Daubrée, M. le Maire distribua le 30 août 1839 au conseil un mémoire d'après lequel, moyennant 64,000 francs environ, la ville serait fournie de 432 mètres cube d'eau en 24 heures. A la demande de la commission, qui se composait de MM. Mallye, Denier, Couguet et Marret, rapporteur, M. le Maire écrivit à MM. Barbier et Daubrée pour savoir s'ils consentiraient à se charger de l'exécution de leur projet d'après les bases par eux posées pages 4 et 5 du rapport imprimé. Mais ces messieurs, élevant leurs prétentions, et sans s'expliquer sur les acquisitions de terrains, la construction du château-d'eau, la distribution dans la ville, etc., etc...., demandèrent une rétribution annuelle de 8,000 francs. La commission rejeta donc le projet dressé par MM. Barbier et Daubrée et en présenta un autre émané de MM. Cail et Derosne, consistant dans l'établissement d'un vaste puisard, près du pont de Courgoux, sur la route du Puy, où l'eau serait élevée par une machine à vapeur donnant 15,000 litres à l'heure. La dépense totale de la machine, des constructions et de la conduite en fonte jusqu'au château-d'eau ne devait s'élever qu'à la somme de 17,300 francs. Le conseil adopta les conclusions de la commission, mais le changement de l'administration municipale vint bientôt faire oublier ce projet, comme aussi on ne s'arrêta pas aux propositions faites en 1841, sous la mairie de M. de Talairat, par M. Armand, de la Lozère, de réunir les eaux en sept endroits différents, à proximité de la ville, et suivant lesquelles cet hydroscope se chargeait, à ses risques et périls, de conduire d'un des points désignés quatre pouces d'eau moyennant 4,000 francs.

« A cette époque, un savant distingué que la ville se glorifie de compter au nombre de ses enfants, M. Aimé Pissis, que les sympathies de ses concitoyens

suivent toujours dans les régions lointaines où il enri-
chit la science de ses travaux, M. Aimé Pissis, disons-
nous, guidé par ses profondes connaissances en géo-
logie, eut la pensée de réunir les eaux d'infiltration du
plateau de Sainte-Anne. Sans doute il ne devait pas
s'exagérer la valeur du résultat à espérer de son système ; mais on est forcé de reconnaître avec lui qu'en
présence des essais infructueux tentés jusqu'alors, et,
puisque on paraissait renoncer à prendre l'eau de
l'Allier, le moyen qu'il proposait était le seul rationnel.
A la suite de quelques sondages on rencontra à une
faible profondeur une nappe d'eau coulant sur un sol
imperméable, dans des couches de grès et de cailloux
roulés. Ce sont ces eaux, insuffisantes en été, alors
que le besoin s'en fait le plus sentir, qui alimentent
la fontaine du Postel, et qui, recueillies pendant plusieurs années dans un large *vageon* de vendange, se
déversent aujourd'hui dans le bassin construit plus
tard sous l'administration de M. Gaubert, maire actuel.

« En 1852, M. le Maire Andrieux, reprenant le système de captage à l'Allier par des moyens mécaniques,
proposait, dans un mémoire distribué le 7 novembre
de cette année, de prendre l'eau au pont ruiné de la
Bageasse, et de l'élever, par une machine à vapeur,
jusqu'à un château-d'eau placé en un point rapproché,
d'où elle aurait été dirigée vers la ville. Suivant le
projet dressé par un homme spécial, M. Braquehaye,
le débit à espérer était de 24,000 litres d'eau à l'heure
et la dépense devait être de 50,000 francs environ.
Une commission, nommée le 15 février 1853, crut
devoir demander un complément d'études, et cette
fois encore l'attention fut détournée de ce projet par
l'arrivée de M. l'abbé Paramelle, dans le département
du Puy-de-Dôme. Cet habile hydroscope, mis en

rapport avec l'administration, découvrit sur la route de Saint-Flour, à proximité de la ville, une source de bonne qualité et assez abondante, disait-il, pour fournir deux ou trois fontaines. Des fouilles immédiatement entreprises, vinrent justifier les indications de l'abbé Paramelle, un réservoir fut construit, et ce projet, encore insuffisant, dut aussi être abandonné après une tentative infructueusement faite pour amener les eaux dans l'intérieur de la ville.

« Enfin, le 17 novembre 1861, M. le Maire Gaubert appelait encore sur cette grave question l'attention du conseil municipal ; le moment lui semblait venu de s'occuper des fontaines ; il proposait des études comparatives pour lesquels il demandait un crédit de 2,000 francs ; et les études faites, il intervenait, le 15 février 1863, une délibération du conseil qui décidait que l'on irait chercher les sources dite de Courteuges, au pied de la Vergueur. La longueur de la conduite devait être de 16 kilomètres et demi environ ; le réservoir aurait été établi près la maison Olivier, sur le boulevard, ou sur le plateau de Saint-Laurent ; et moyennant une dépense de 104 ou 110 mille francs on espérait obtenir un débit de 160 litres à la minute en temps ordinaire, et 120 en temps de sécheresse. Ce résultat, tout séduisant qu'il était au premier abord, aurait cependant été bien faible en comparaison de la dépense. Aussi, avant de se prononcer, l'administration supérieure crut-elle devoir provoquer des études sur l'Allier et ses affluents. M. Coumes, le savant ingénieur en chef de notre département, qui avait déjà préparé le projet dont il vient d'être parlé, se remit donc à l'œuvre avec un zèle et un dévouement auxquels nous nous plaisons à rendre hommage, et de ces nouvelles études sortit le projet de captage à la Senouire, et de conduite des eaux par la rive gauche de cette rivière, décrit dans un rapport du 8 mai 1865 et dont nous allons vous rendre compte. Ce projet fut adopté par le précédent conseil dans sa séance du 22 juin 1865. »

Dès le principe, les rapports entre l'administration et le conseil municipal étaient tendus. L'enquête qui avait été faite à la veille des élections municipales n'ayant pas offert à la majorité du conseil les garanties désirables pour connaître les vœux de la population sur le projet à adopter, le conseil, après avoir reconnu la nécessité de pourvoir la ville d'eaux provenant de sources abondantes, avait adopté en principe le projet de la Senouire et celui de la dérivation de l'Allier, sauf à choisir ultérieurement et par des études comparatives, celui des deux qui paraîtrait préférable au double point de vue du résultat et de la dépense. C'est à la suite de ces nouvelles études que le projet de la Senouire fut définitivement adopté.

Restaient les voies et moyens pour l'entreprendre et le mener à bonne fin. A ce sujet, les questions des fontaines et du collège s'enchevêtrèrent de telle sorte qu'on ne put débrouiller ni l'une ni l'autre.

M. Gaubert ne voulait rien distraire pour le collège de la somme réservée aux fontaines. Plusieurs membres étaient d'avis au contraire qu'on pouvait concilier ces deux ordres de travaux d'utilité publique. On invoquait de part et d'autre les avantages ou les dépenses de l'instruction secondaire.

En juin 1866, une discussion instructive s'ouvrit au sujet de la répartition des sommes disponibles. Il en résulta qu'on pouvait faire, pour les dépenses de tous genres, un emprunt de 240,000 francs, la moyenne des

excédants étant de 26,000 francs. La commission proposa alors : 1" de consacrer l'emprunt, partie aux travaux des fontaines, partie aux dépenses à faire pour
ouvrir le collège, en assurant le traitement des instituteurs ; 2" de décider que l'instruction primaire serait
donnée gratuitement à tous les enfants indistincte-
ment qui fréquentent l'école communale congréganiste,
ce qui ne se faisait pas. Seuls les enfants dont les familles étaient reconnues dans la gêne et dont les noms
se trouvaient dans une liste dressée par le conseil municipal, étaient dispensés de la rétribution scolaire.

M. Gaubert combattit vivement ces deux propositions, tout en affirmant qu'il voulait la réouverture du
collège et en donnant pour preuve dans le passé toutes
les démarches qu'il avait faites auprès de l'université,
des frères et autres congréganistes, pour créer un établissement d'instruction secondaire. Il s'opposa à ce
qu'on retranchât aucune somme du crédit ouvert pour
les fontaines qu'il fallait donner à la ville avant tout.

Les membres de l'opposition répondirent que la
nécessité d'avoir un collège donnant l'instruction
secondaire s'imposait à la ville autant que celle d'avoir
des eaux jaillissantes, et que les deux dépenses pouvaient se faire à la fois, les fonds disponibles ne devant
être employés que dans plusieurs exercices.

La majorité arrêta que le chiffre porté au crédit des
fontaines serait fixé au budget, à 44,000 francs, celui
du collège, pour réparations, à 4,600 francs, et pour
le traitement des professeurs à 1,600 francs.

Sur la question de gratuité absolue, M. Gaubert fit
valoir toutes les raisons invoquées plus tard aussi
contre cette gratuité. La gratuité n'est utile, néces-

saire, que pour ceux qui ne peuvent pas donner à leurs enfants l'éducation primaire. Dispenser les riches de payer la rétribution scolaire, c'est leur faire un cadeau aux dépens de la ville, qui consacre 7,850 francs à l'instruction primaire, mais trouve un produit de 1,800 francs, dans la rétribution scolaire qui ne pèse réellement sur personne, et est une recette que l'on ne doit pas dédaigner. Il ajouta même que les pères de famille pourraient aller dépenser au cabaret la somme dont ils auraient été exonérés.

L'opposition répondit que lorsque la ville avait un budget de 60,000 francs se réglant par des excédants de recettes importants, ce n'était pas le cas de marchander l'instruction primaire, qui doit être rendue accessible à tous, sur le pied d'égalité.

Un membre, partisan de la gratuité, ayant émis l'avis que la rétribution scolaire fût maintenue encore cette année, les besoins de la ville étant considérables, le conseil décida, par 18 voix contre 11, que la rétribution scolaire serait maintenue pour l'exercice 1867.

Dans la discussion, il avait été fait le relevé de ce que le collège coûtait annuellement à la ville depuis 1832. En voici le résultat : en 1831, 1832, 1833, le collège avait 9 professeurs ; de 1834 à 1836, 5 ; de 1836 à 1841, 9 ; de 1842 à 1846, 10 ; en 1847, 11 ; en 1848, 12, puis 11 et 9 ; en 1851, 1852, 9. C'est en 1834 que le collège avait coûté le moins : avec cinq professeurs il a coûté 1,406 ; en 1848, avec 12 professeurs, il a coûté 6,647 (le maximum) ; la moyenne, pour toute la période, est de 4,853. Mais de 1837 à 1852, où il y a eu au moins neuf professeurs, la moyenne s'élevait à 5,246, et tombait à 3,807 pour les années antérieures.

Convoquée le 8 août, l'assemblée des plus imposés autorisa le maire, pour couvrir la dépense des fontaines, évaluée à 230,000 francs, à emprunter au Crédit Foncier la somme de 200,000 francs, pour une durée de cinquante ans, aux conditions ordinaires, sauf à prendre le surplus sur les fonds disponibles de la commune, et décida que pour le service de l'intérêt ou de l'amortissement il serait porté chaque année au budget la somme de 11,824 francs.

Du ruisseau de la Senouire on passa dans celui de Courgoux, qui, torrent impétueux dans les grandes crues, à sec l'été, inondait la plaine à certaines époques de l'année. La superficie totale des terrains plus ou moins envahis par les eaux avait été évaluée, par les ponts et chaussées, à 621 hectares, soit 7,144 cartonnées. Les propriétaires ayant réclamé le curage du lit du ruisseau, la contribution par cartonnée avait été prévue être, suivant le périmètre qu'on fixerait, de 1 fr. 95, 0 61 et 0 49.

Sur les conclusions d'une commission spéciale, le conseil, attendu qu'aux termes de la loi du 14 floréal an II, le curage des rivières et cours d'eau non navigables ni flottables, devait être fait de la manière prescrite par les anciens règlements et usages locaux ; que lors du curage de la partie supérieure du lit de Courgoux, tous les riverains intéressés ont été appelés à y contribuer, décida que la même règle devait être suivie pour le curage de la partie inférieure, et que le périmètre mouillé par les eaux, dans les grandes crues, était de 621 hectares (7,144 cartonnées). Les propriétaires des terrains compris dans ce périmètre devaient être considérés comme riverains et auraient à contribuer à la dépense à raison d'une taxe uniforme de o fr. 37 par hectare.

La question du collège, qui paraissait tranchée, fut remise sur le tapis en février 1867, par suite de nouvelles informations. Plusieurs membres, déclarant qu'ils ne sauraient approuver la création d'un établissement d'enseignement dit spécial, qui ne satisfaisait pas les besoins du pays, coûterait très cher, ne répondrait pas aux vœux du plus grand nombre, réclamèrent un collège dans la vieille acception du mot, où les élèves puissent faire leurs études littéraires.

Le maire dit en vain qu'on pourra ajouter un second professeur de latin si la ville veut le payer, et que son collège hybride s'appliquera admirablement aux besoins généraux de la ville; sa proposition, appuyée par la commission, est repoussée par la majorité voulant qu'il y eût un véritable collège, qui devra être ouvert le plus tôt possible.

A ce moment c'était la seule solution raisonnable, possible.

Ce fut dans la même séance que fut acceptée provisoirement une donation d'un contrat de bail à rentes au capital de 500 francs, faite par Mme Sylvie Duvernais, supérieure de la Visitation, comme héritière de Mme Cousserand, à la ville de Brioude, au profit de l'école des Frères.

Quand vint la discussion du budget de 1868, le maire vit repousser la plupart de ses propositions, entr'autres le nivellement des abords de l'Eglise, la construction d'un beffroi sur le clocher, la nomination, avec appointement, d'un médecin chargé de constater les décès, le maintien de la rétribution scolaire aux écoles communales de garçons et de filles.

La gratuité absolue fut enfin votée par 9 voix contre 6, malgré les protestations désespérées de M. Gaubert, répétant tous les lieux communs de nature à donner à croire que ce vote, qui consacrait l'égalité des enfants devant l'instruction, blessait la justice en dispensant de la rétribution ceux qui peuvent payer, sans profit aucun pour ceux qui ne le peuvent pas, et supprimant une recette importante qu'il faudrait remplacer par des centimes additionnels dont le pauvre serait frappé comme le riche.

A chaque séance d'ailleurs, et sur le moindre prétexte, il s'engageait entre le maire et ceux des conseillers municipaux qui formaient maintenant la majorité, des discussions aigres-douces qui rendaient de plus en plus nécessaire une *séparation de corps* pour cause d'incompatibilité d'humeur et d'opinions.

Une autre fois ce fut lui qui voulut refuser de mettre aux voix un projet d'organisation du collège qu'il déclarait inapplicable, contraire aux intérêts du plus grand nombre, onéreux pour la ville, en contradiction avec des délibérations antérieures et les vues du recteur. Le conseil municipal passa outre, et par 16 voix contre 3 adopta ce projet, présenté par un des conseillers et ainsi conçu :

« Le conseil,

» Vu la délibération du 17 février 1867, par laquelle le conseil a repoussé les conclusions de la commission tendant à l'établissement, sous le nom de collège, d'une école d'enseignement secondaire spécial ;

» Vote la reconstitution du collège jusqu'au cours des classes de quatrième inclusivement; prend l'engagement pour une période de cinq ans, à compter

de l'ouverture des cours, d'approprier les bâtiments
du collège à leur destination ; de réparer, d'entretenir
et de compléter s'il y a lieu les meubles et objets mo-
biliers dépendant de cet établissement, ainsi que les
instruments propres aux cours prévus ; de pourvoir
aux traitements des cinq professeurs, montant à 6,600
francs ; fixe la rétribution scolaire, à 80 fr. pour les
élèves suivant le cours de latinité, à 60 fr. celle des
élèves suivant les cours de français. »

Cette délibération ne put pas être mise à exécution
sous le règne de M. Gaubert, premier de nom, qui,
bien qu'ancien principal du collège, ne voulait le laisser rouvrir à aucun prix. C'est pour arriver à son but
qu'il avait mis en avant la création d'une école d'instruction secondaire spéciale, qui n'avait alors aucune
raison d'être, ne devait pas rendre plus de services
qu'une école primaire ordinaire, avec son professeur
de latin en queue et son maître de français en tête, et
non seulement ne pouvait pas, comme le font, d'après
les lois nouvelles, les écoles modernes d'enseignement
spécial, secondaire ou primaire supérieur, préparer
les élèves pour les baccalauréats ès-lettres, ès-sciences,
mais même leur donner accès aux écoles spéciales
d'arts-et-métiers, d'industrie, de commerce.

Il y avait autant de tirage pour les fontaines que
pour le collège. Tout le monde paraissait d'accord
pour faire un emprunt. Seulement, quand il s'agissait
de prendre une décision chacun tirait de son côté.
Ainsi un des conseillers fit un jour la singulière proposition d'emprunter les 200,000 francs reconnus nécessaires, à l'hospice de Brioude, qui, ayant 15,000
francs de rentes en fonds d'État, aurait trouvé, selon

lui, avantage à convertir ses rentes en annuités, payées
sur ses revenus ordinaires par la ville, qui aurait eu
à débourser une somme moins forte pour intérêts et
amortissements, n'empruntant que par petits paquets.
La proposition fut prise en considération, mais piqua
la tête dans la Senouire, où les malades de l'hospice
auraient pu avoir de la peine à la repêcher.

Aussi tenace dans ses projets que prompt à prendre
la mouche, le maire remit de nouveau sur le tapis le
dégagement de l'église et le nivellement de ses abords.
Il demanda au conseil un crédit de 3,600 fr. pour ce
travail. Il présenta à l'appui de sa demande un rapport de l'architecte des monuments historiques, déclarant que si ces travaux n'étaient pas faits, l'invasion
accidentelle des eaux de pluie pourrait compromettre
la solidité de l'édifice et devenir un danger pour la
santé des fidèles.

« Le Conseil,

» Considérant qu'aucune raison sérieuse ne vient
appuyer les dires de l'architecte; que si les finances
de la ville sont dans un état des plus prospères, et si
la ville possède peut-être 100,000 francs d'épargne,
grâce à la rigidité du conseil à ne laisser détourner
aucun denier pour des travaux d'une utilité générale,
toutes les ressources doivent être précieusement éco-
nomisées jusqu'à la construction de nos fontaines, et
qu'il est du devoir du conseil de n'y point toucher
jusqu'à ce qu'il connaisse le sort de l'emprunt qu'il a
voté; qu'il est facile d'ailleurs d'empêcher à peu de
frais l'invasion des eaux de pluie dans l'église, sans
faire une dépense, qui est un acheminement à une
restauration importante, sans doute, mais que la ville

ne peut faire en ce moment, celle des porches nord
et sud : repousse par 16 voix contre 2 le projet de
3,600 francs, puis par 13 voix contre 5 celui de 2,000
francs proposé successivement par le maire.

De cette délibération, il résulte que c'est au conseil
que sont dues les épargnes faites dans les dernières
années de l'administration de M. Gaubert, à qui on
en a attribué longtemps tout le mérite, et qui, s'il
n'avait été tenu en bride, aurait non pas gaspillé les
finances de la ville comme son prédécesseur Andrieux,
mais les aurait éparpillées en dépenses inutiles, au
moins peu urgentes et mal conçues.

En fin de compte, il fut décidé que par un travail
coûtant 400 francs, au moyen d'un escalier de trois
marches, on empêcherait les eaux de pluie de pénétrer
dans l'église. C'est ce qui fut fait malgré l'opposition
du maire, persistant à soutenir ses projets de nivellement. Revenant à la charge, sous une autre forme, le
maire proposa de consacrer, en ouvrant un atelier de
charité, 1,000 francs au nivellement au moins de la
place aux Herbes. Il se vit encore repoussé avec
perte.

Dès ce moment, plusieurs membres ne vinrent plus
assister aux séances ou quittaient avant le vote la salle
des délibérations, ce qui empêchait le fonctionnement
régulier du conseil.

La lecture du procès-verbal donnait lieu souvent à
des rectifications et protestations plus ou moins ora-
geuses.

Le maire, dans la séance du 8 janvier, protesta
vivement contre la sortie de cinq membres, qui
avaient ainsi empêché le conseil d'être en nombre

pour délibérer. La séance ayant dû être levée, il déclara ce procédé d'autant plus grave que si la minorité peut se le permettre dans un cas ou un autre, il y a oppression de la majorité par la minorité. Il interpella spécialement le membre qui, sorti le premier, avait donné le signal de ce qu'il appelait une désertion, celui-ci répliqua qu'il n'acceptait pas la leçon que semblait vouloir lui donner le maire qui oubliait que chaque membre a la responsabilité de ses actes.

La division entre l'administration municipale et le conseil était arrivée à l'état aigu.

Nous pouvons maintenant apprécier l'administration si vantée de M. Gaubert. Son grand mérite a été d'être venu occuper la mairie après M. Andrieux, qui on l'a vu, avait laissé les finances de la ville dans un si déplorable état, et d'avoir laissé dans la caisse communale des épargnes considérables, accumulées par l'ajournement des établissements ou travaux d'utilité publique dont Brioude avait un pressant besoin. Il a cependant consacré pas mal d'argent a des dépenses d'une opportunité douteuse, d'une utilité contestable, qui auraient été plus considérables si la majorité du conseil municipal ne s'était opposée à la plupart de ses projets, fort bien défendus par lui, mais mal conçus.

Ce fut aussi par l'augmentation des droits et taxes communales, par les règlements de police, nids de procès-verbaux, qu'il augmenta les recettes du budget. Il remplissait d'ailleurs ses fonctions avec une activité sans pareille, faisant au besoin la police lui-même, allant inspecter le pesage des veaux, veiller à ce qu'aux heures prescrites les débitants de boissons ferment leurs établissements et allument les lanternes qu'il les avait forcés de placer au-dessus de leur porte. En sortant du *cabarnot* où, avec ses adjoints et quelques fidèles, il allait passer ses soirées, restant toute la journée à la mairie, il allait piquer avec sa canne, comme s'il espérait pouvoir les faire tomber, les murailles lézardées de la maison de l'épicier Mazin, réfractaire à l'alignement de la rue Fourchauchat devenue la rue de Sébastopol, donné par l'architecte de la ville, qui était monté sur les toits pour faire son plan.

Dans les premières années de son règne municipal, M. Gaubert, que l'on savait ou que l'on croyait protégé d'une manière spéciale par son ancien élève, M. Rouher, alors tout puissant, n'avait eu affaire qu'à un conseil municipal complaisant, qui opinait du bonnet et faisait ce qu'il voulait. A dater de 1865, il n'en fut plus ainsi. On entendait dans la machine impériale un certain craquement qui donnait à réfléchir à la bourgeoisie, inféodée jusque-là à l'homme du Deux-Décembre, par peur ou par haine de la démocratie. Elle commençait à faire cette opposition de chambre qui, tout en ne visant que les petits fonctionnaires, devait tôt ou tard atteindre les grands, et ébranler ainsi dans sa base l'empire, que d'absolu elle croyait pouvoir ou vouloir devenir libéral.

A côté de cette opposition bourgeoise et dynastique, la démocratie républicaine reprenait, avec le courage, de la force. Il en était ainsi dans notre ville, où M. Gaubert, par son despotisme tracassier et fiscal, s'était fait beaucoup d'ennemis.

Dans les séances, il y eut plusieurs fois des débats

assez vifs pour que M. Gaubert, qui était peu endurant et aimait à faire sentir qu'il était le maître, crût pouvoir, après s'être ceint de son écharpe, dresser contre certains membres des procès-verbaux, auxquels d'ailleurs il ne donna pas de suite. Plusieurs membres ne voulant plus supporter son autorité, si despotique, donnèrent leur démission et se représentèrent de nouveau aux suffrages de leurs concitoyens, à qui ils adressèrent le manifeste suivant :

« Electeurs,

» On nous rapporte que certains d'entre vous sont d'avis de s'abstenir au prochain scrutin : les uns parce qu'ils ne comprennent pas les motifs de *conscience* et *d'honnêteté* qui nous ont arraché notre démission ; les autres parce qu'ils ont perdu leur foi dans la force du suffrage universel.

» Nous répondons aux premiers :

» La conscience et l'honnêteté s'affirment et ne s'interprêtent pas.

» Nous dirons aux seconds :

» De la persistance ! La voix de l'opinion publique peut bien un jour être étouffée ou méconnue, mais elle doit nécessairement, tôt ou tard, se faire écouter et imposer sa volonté.

» Donc, pas de défaillance coupable !

» Nous avons le courage d'en appeler, sans arrière pensée, à votre jugement : ayez tous celui — plus facile — de vous prononcer franchement.

» Ce que nous voulons, et nous vous le demandons avec instance, c'est une manifestation imposante, quelle qu'elle soit, mais *claire, nette* et *précise* de votre opinion sur la question que nous venons vous soumettre.

» Oui ou non, approuvez-vous notre conduite ?

» Prononcez librement, en dehors de toutes considérations de personnes, de sympathie ou autres ; mais, au nom de votre dignité, montrez-vous avant tout conséquents, si vous voulez que votre vote ait une valeur dans le présent et pèse dans l'avenir :

» Donc pas d'abstention ;

» Pas de moyens termes ;

» Pas de noms rayés ;

» Et surtout pas d'emprunt de noms d'un bulletin sur l'autre.

» Démissionnaires pour les mêmes causes nous devons subir le même sort.

» H. ALBANEL, C. ALLEMAND, A. BERAUD, C. BLANC, DONIOL-COUTEL, A. FACY, P. LE BLANC. »

En même temps, la lutte s'engageait dans la presse. Un groupe de jeunes gens qui s'occupaient alors plus de littérature que de politique, faisait paraître l'*Album*, journal illustré de portraits, de dessins, où l'archéologie, la poésie, l'histoire locale se mêlaient ; c'étaient MM. Paul Le Blanc, Camille Blanc, Montalban, Fournier-Latouraille, Besson, Levé, Gueffier et Giraud, peintre (du Puy), Faure (de La Chaise-Dieu), d'autres encore, dont je ne me rappelle plus les noms.

MM. Camille Blanc et Paul Le Blanc critiquaient dans de petites brochures, assez vivement mais avec beaucoup de modération dans la forme, certains actes de l'administration qui laissait, rappelaient-ils, le collège fermé, avait supprimé la gratuité à l'école primaire de garçons en maintenant la surimposition établie pour l'enseignement primaire, désorganisé l'école des filles et ajournait tout projet sérieux de fontaines, songeait à faire des emprunts onéreux.

M. Gaubert riposta en vers et en prose, avec l'acrimonie et l'irascibilité du pédagogue qui, se croyant infaillible et omnipotent, s'imagine avoir le droit de tirer les oreilles de ses élèves.

Nous ne citons de sa prose que ces phrases, qui montrent que le style c'est l'homme : « Nous avons appris hier au soir que M. Paul Le Blanc va essayer de prendre sa revanche de l'échec de son premier pamphlet. Nous avouons humblement que nous l'avions cru hors de combat ; il n'était qu'étourdi. Sa vie est tenace. C'est ainsi que le papillon pond encore ses œufs de chenille, après qu'il a été fixé sur un carton par une épingle. »

Voulant avoir le dernier mot, M. Gaubert sommait en quelque sorte son adversaire de lui communiquer le mot de la fin, afin qu'il pût répondre avant les élections qui devaient avoir lieu le lendemain.

M. Paul Le Blanc y consentit bénévolement, et M. Gaubert traita de pamphlet injurieux les dernières paroles adressées par celui-ci, comme manifeste électoral, aux habitants de Brioude, à la veille des élections.

Ces élections, l'opposition allait enfin y prendre part, et avait préparé une liste de candidats. Ce sont ces candidats et leurs amis que le maire poète a eu la prétention de peindre dans une fable, qu'il fit imprimer et publier en la signant.

Nous croyons devoir reproduire également cette fable, tout à la fois pour donner à la génération présente une idée du genre d'esprit et de poésie du maire qu'elles ont peu ou point connu, et leur laisser deviner —ce que nous n'avons pu faire, étant sur la terre d'exil, — quels sont ceux qu'il a transformés en animaux parlants. Si l'on jette sa langue au chat, on pourra dire au moins que ce n'est pas Babylas qui a, le premier, montré dans une ménagerie, à ses administrés, quelques-uns de ses plus violents adversaires. Seulement, pour ces derniers, tout le monde a collé leur nom sur leur museau de bêtes fauves parmi lesquelles et leurs congénères, il s'en trouvait qui avaient des cornes, espèce curieuse dont les naturalistes n'ont pas parlé.

UN CONGRÈS D'ANIMAUX

FABLE

Dans ce sac ridicule où Scapin s'enveloppe,
Je ne reconnais plus l'auteur du Misanthrope,
A dit Boileau. Je crois qu'il se trompe en ce point.
On peut changer de route et ne s'égarer point ;
Molière savait trop son théâtre et le monde.
De tant d'esprits divers une étude profonde.
Pour aplanir la voie à de hautes leçons,
Enseignait à son art différentes façons ;
  Et chez lui la petite pièce
A côté de la grande était un tour d'adresse ;
Si bien que dans ses goûts le public satisfait
Des loges au parterre en masse applaudissait.
Du grave et du plaisant le mélange agréable
Trouverait au besoin un appui dans ma fable.

  Sur l'édit de sire Lion,
A grands cris publié par maître Aliboron

Aux carrefours des bois, sur les monts, dans les plaines,
Des animaux venus de régions lointaines
    S'étaient réunis en congrès,
Pour but et pour devise adoptant le progrès.

    La tâche n'était pas petite,
Mais pour la bien remplir quelle troupe d'élite !
Le Castor, maître-expert à diriger les eaux,
Fondant sur pilotis magasins et châteaux,
Et trouvant en lui seul pour suffire à son œuvre
Architecte et maçon, charpentier et manœuvre :
Et l'Ours, penseur profond, et plein de gravité
    Comme un doyen de faculté ;
Et l'Eléphant dont la vaste carrure
De sa rare sagesse à peine est la mesure :
    Et la taupe qui dans le sol
Creuse chemin couvert, tranchée et galerie,
    Ainsi qu'un sapeur du génie
    Sous les murs de Sébastopol ;
Et le Renard surtout, esprit souple et fertile,
    Vrai Talleyrand à quatre pieds,
Par qui pouvaient le mieux être conciliés
Les avis différents, chose assez difficile,
Les savants n'étant pas d'humeur toujours docile.
    Que sais-je encor ?... Non moins intelligent
Des habitants de l'air était le contingent,
Car il en est chez eux, comme les Hirondelles.
Qui passent, tous les ans, et les monts et les flots,
Et d'un autre hémisphère apportent des nouvelles.
Pour les hommes des champs et pour les matelots,
Du temps et des saisons leur voix est l'interprète ;
Tellement que Laensberg, en son docte almanach.
    Auprès d'eux n'est qu'un faux prophète
Qui du froid et du chaud parle ab-hoc-et-ab-hac,
    Pour achever la kyrielle.
Là figuraient aussi ces fileurs aux longs bras
    Qui sur nos murs tendent leurs lacs
    Fabriqués en fine dentelle,
Si fine que le Puy n'en fait pas de plus belle :

Là, ces autres fileurs, empruntés aux Chinois,
Tissant d'argent ou d'or leur couche mortuaire
Dont les débris, changés en étoffe légère,
Sont dignes de vêtir les belles et les rois ;
Là, ces républicains vivant en monarchie,
Dans des gâteaux de cire entassant l'ambroisie,
Et dont Phalanstériens, s'il en revient jamais,
Apprendront le travail avec l'ordre et la paix.

     Voilà, j'espère, une assemblée,
     Quoique j'en passe et des meilleurs,
Capable d'imposer le respect aux railleurs.
     La foule était émerveillée ;
Et, sans trop rien comprendre à de fort beaux discours
Où l'on parlait de tout et de quelque autre chose,
     Patiemment et bouche close
     Elle en suivait l'interminable cours.
Cependant, en un coin du tranquille auditoire
Où dominait l'oreille à cornet allongé,
Un groupe somnolent par l'exemple engagé,
En bâillements discrets se tordait la mâchoire.
Tout à coup un long cri, ronflant, retentissant,
     Poussé par un poumon puissant,
Eveilla les échos et frappa l'assemblée ;
Un moment, la séance en fut même troublée :
     Et c'était maître Aliboron,
     Lui, choisi par la Conférence
     Pour appariteur et clairon,
     Qui commettait l'irrévérence.
     On vous le tança d'importance.
Mais le sot animal, au lieu d'en rester là,
     Tomba de Charybde en Scylla
     Par sa naïve impertinence.
« Il se peut, brailla-t-il en voulant s'excuser,
    » Que ces Messieurs aient du génie,
    » Et tant s'en faut que je le nie ;
» Mais ils n'ont pas du moins le don de m'amuser.
» Si c'est ma faute, hélas ! je la confesse entière. »
A cette énormité, haro !!! s'écria-t-on.

« Eh ! dit entre les dents son voisin, le Mouton.
    « Ni moi je ne m'amuse guère.
» L'Ane a sans doute eu tort de prendre un si haut ton,
» Mais au fond je l'approuve. » Or, la gent moutonnière
Comptant beaucoup d'amis dans la réunion,
    De proche en proche à cette opinion
    On se rangeait en nombre formidable.
Une désertion eût été regrettable.
    Le renard voulut y parer,
Et, sans plus de détours : « Chers et dignes collègues,
    « Veuillez, dit-il, considérer
» Que certains auditeurs déjà tirent leurs grègues.
» Il faut les retenir, ce sont de braves gens,
    « Doctes fort peu, mais pleins de sens :
    « Au succès de notre entreprise
» Leur faveur, selon moi, mérite d'être acquise.
» Quand on plaît, on réussit mieux :
    « J'estime donc que dans cette occurence
» Nous devons éviter surtout d'être ennuyeux,
» Et donner quelque place au moins par tolérance
    « A des sujets moins sérieux. »
Sur cette motion au programme imprévue,
Un débat s'engageait, bruyant et sans issue :
« Ça, reprit le Renard, cette discussion,
» Sans convaincre personne au moins prouve une chose :
» C'est la nécessité d'une concession,
    « Et de plus fort je la propose.
» Sans cela point d'accord. Je m'en rapporte à l'Ours :
» Sa voix des bons esprits m'assure le concours. »
L'Ours, quoique très flatté, fit pourtant la grimace :
Sa gravité craignait que l'on n'ouvrît les rangs
    Aux baladins, aux Gilles, aux Bertrands :   .
    Il en aurait quitté la place.
Mais on le rassura ; car il n'en était rien :
Le Renard n'entendait qu'un badinage honnête,
Qui donnât à ce jour un certain air de fête.
    Ainsi l'on fit, et l'on fit bien.
    A l'Ane, cela va sans dire.

On ne fit pas marchander son pardon ,
L'Ours même fut surpris quelquefois à sourire,
Et chacun retourna content dans son canton,
    Les orateurs de l'auditoire,
    L'auditoire des orateurs ;
Et, si l'on s'en rapporte à ce que dit l'histoire,
Ce concert du progrès abrégea les lenteurs.

Comme M. Gaubert, M. Paul Le Blanc avait fait appel au bon sens public, qui avait à clore les débats par un arrêt électoral, le 23 juillet.

Ce fut M. Gaubert, ses adjoints et ses plus chauds partisans, qui furent condamnés à une grande majorité.

Me trouvant amené, dans ces *Mémoires,* à faire l'histoire d'une petite ville qui n'a pas à transmettre à la postérité le souvenir de grands évènements ni de grands hommes, je dois puiser dans les procès-verbaux de ses assemblées électives, les renseignements qui sont de nature à faire connaître ce que ses conseillers municipaux, ses maires, ont fait ou voulu faire pour sa prospérité, son embellissement. Pour cela, je résume les faits relatifs à l'administration de M. Gaubert dans un extrait du compte-rendu de sa gestion financière pendant qu'il a administré la ville.

De janvier 1858 à juillet 1865, — période où il pouvait tailler en plein drap, toujours sûr de l'assentiment de son conseil municipal, les dépenses faites sont les suivantes :

Élargissement de la rue de Sébastopol..   9,387 fr.

Agrandissement, construction, appropriation du cimetière   11,029

Traverse de la route n° 5 par la rue d'Aguilher........................   7,300

Acquisition des bâtiments Guyot-Grenier pour la halle......................   34,587

Fontaine du Postel	2,370
Local pour les archives communales	775
Frais de la donation pour l'école des Frères	1,700
Restauration de l'Hôtel-de-ville et de la place	11,170
Redressement du ruisseau de Courgoux	973
Montée de Saint-Laurent	1,300
Restauration de l'église	32,000
Etudes de prises d'eau	4,168
8 annuités du prêt au presbytère	11,316
Total (en chiffres ronds)	130,000 fr.

De 1865 à 1868, période où il n'y eut plus entente entre la majorité du conseil et le maire, et que les dissentiments devinrent plus marqués chaque jour, les dépenses ne furent plus que de 4,000 fr., pour des travaux insignifiants.

Ce fut une des raisons, sans doute, pour que M. Gaubert pût, en fonds disponibles, placer au trésor une somme de 113,000 fr., plus 16,000 fr. à recouvrer.

C'était, tout le monde l'a reconnu, un résultat dont il a pu se glorifier.

CHAPITRE IX

ADMINISTRATION COUGUET

Une administration municipale, prise enfin dans le conseil municipal, avait été donnée à la ville. Elle était composée de MM. Eugène Couguet, ancien magistrat, maire, Ch. Coupe, notaire, et Paul, banquier, adjoints.

La nouvelle administration fut bien accueillie par la population, satisfaite de voir après tant d'années le gouvernement prendre dans le sein du conseil, comme maire, celui que les électeurs avaient porté en tête de leur liste ; et la concorde, l'union se rétablirent dans le conseil, bien qu'il y eût entre les membres, au sujet de la politique surtout, des dissentiments qui n'eurent pas le temps ou l'occasion de se produire. La question personnelle, qui avait joué un certain rôle lorsque le parti Gaubert et le parti Andrieux se trouvaient encore en présence, n'avait plus de raison d'être.

M. Eugène Couguet, doué des qualités qui font aimer et estimer l'homme privé, a toujours, dans les différentes fonctions qu'il a remplies, comme magistrat et sous-préfet sous la monarchie de Juillet, comme maire sous l'empire, fait preuve pour ses adversaires, ses contradicteurs, d'une tolérance qui tranchait singulièrement avec l'autocratie de ses prédécesseurs, et pour ses administrés d'une bienveillance qui ne se démentit jamais; par goût, par caractère, il aimait à obliger et en cherchait les occasions comme beaucoup d'autres les fuient. Il s'était ainsi acquis un genre de popularité qui l'avait rendu un des hommes influents de l'arrondissement.

Resté orléaniste de principes, de sentiment, il sut d'ailleurs garder comme fonctionnaire une attitude correcte, qui l'aurait sans doute maintenu au poste que lui avaient confié deux gouvernements, la monarchie et l'empire, si deux révolutions n'avaient dû faire table rase des hommes du pouvoir déchu.

Ce qu'il y a d'étrange, c'est que c'est moi, son parent et son ami, qui ai dû, à la suite de ces deux révolutions, le remplacer, d'abord comme sous-commissaire, ensuite comme maire.

L'un et l'autre nous avons pu comprendre que c'était pour moi, bien qu'il m'en coutât, un devoir à remplir.

La première chose que fit la nouvelle administration fut de remettre à l'ordre du jour la question du collège et celle des fontaines. Une commission fut chargée de fournir au conseil, dans le plus bref délai possible, les renseignements nécessaires pour pouvoir prendre en connaissance de cause une décision définitive. Une autre commission fut nommée à l'effet d'examiner soigneusement de nouveau, tous les moyens qui pourraient se présenter à elle pour amener, en ce qui concernait l'établissement des fontaines que la ville attendait depuis si longtemps, une prompte solution.

Sur le rapport de sa commission, le conseil rejeta les propositions faites par les pères maristes de reprendre le collège. Ils l'avaient laissé tomber et demandaient à la ville de s'engager pour trente ans, à leur donner la direction de cet établissement et à leur assurer une subvention annuelle de quatre mille francs. Il déclara, à la majorité de 13 voix contre 6, persister dans ses votes antérieurs établissant un collège classique dépendant de l'université, avec annexion de cours spéciaux, dans les conditions déterminées par les délibérations des 1er août 1866 et 25 juin 1867.

Le curage du ruisseau de Courgoux fut enfin aussi exécuté, mais dans des conditions différentes de celles qui avaient d'abord été fixées par les plans et devis. Il fut fait entre les intéressés une répartition plus équitable de la dépense, évaluée à 2,700 francs.

Le périmètre des terrains envahis dans les grandes crues par les eaux, fut soumis à une taxe variant suivant sa proximité plus ou moins grande du ruisseau. Le premier, comprenant (en chiffres ronds) 12 hectares ou 141 cartonnées, fut imposé à 5 fr. 60 par cartonnée ; le second, de 26 hectares ou 300 cartonnées, à 3 fr. 10 ; le troisième, de 11 hectares 55 ou 135 cartonnées, le quatrième, de 10 hectares 75 ou 125 cartonnées, et le cinquième, de 15 hectares ou 176 cartonnées, à 2 fr. 21.

Un autre projet, qui ne devait être mis à exécution que sous notre administration républicaine de 1883, fut mis en discussion par suite des travaux entrepris sur la rive gauche de l'Allier pour défendre la plaine de Lamothe. Ce fut celui de former un syndicat des propriétaires intéressés pour protéger par une digue, des inondations de la rivière, la rive droite, qui se trouverait à un niveau inférieur à celui de l'autre rive si on y laissait construire la digue insubmersible que les ingénieurs projetaient. Seulement, ce projet, pas plus que bien d'autres, n'aboutit pas.

Le conseil protesta assez énergiquement et par d'assez bonnes raisons, contre la construction de la digue insubmersible pour qu'elle fût momentanément abandonnée. Les ingénieurs eurent alors la singulière idée de barrer le lit que s'était creusé l'Allier dans la vigerie Vidal, avec une digue transversale qui rejetait dans l'ancien lit toutes les eaux. Le courant dès lors, venait battre notre rive gauche, fort mal protégée contre ce choc par les nombreux épis ou enrochements que M. Guyot, notre ingénieur ordinaire, y avait semés de distance en distance, en entassant les uns sur les autres d'énormes blocs de rochers, qui s'enfonçaient ou étaient emportés à chaque grande crue. Heureusement pour notre plaine, l'Allier, dans sa grande inondation de 1866, emporta la digue transversale, et la rivière se répandit comme un torrent dévastateur dans la plaine de Lamothe, au lieu de déborder sur la nôtre.

Dans une discussion amenée par un questionnaire que le gouvernement avait soumis aux conseils municipaux sur les octrois, la suppression de l'octroi fut combattue par plusieurs membres et finalement repoussée.

Les raisons principales invoquées furent celles-ci :

Les octrois donnent une recette moyenne de 43,954 francs, payée à raison de 7 fr. 60 par tête, la population étant de 4,852. En en déduisant les frais de perception, qui s'élèvent à 7,061, la recette nette était de 36,893. Pour les remplacer, il faudrait augmenter de o 57 % le montant des quatre contributions directes, y compris les centimes additionnels ; de 95 % le principal seul des quatre contributions ; de 122 50 % les patentes et la mobilière seules, y compris les centimes additionnels ; de 217 % le principal seul des patentes et de la mobilière.

Le nombre des contribuables était de 2,076. L'impôt foncier produit 38,203 fr., soit par habitant 18 88. Les portes et fenêtres produisent 4,977 fr. La contribution personnelle produit 2,597 fr. ; elle est supportée par 1,443 personnes, ce qui fait 1 80 par personne. La contribution mobilière produit 13,738 fr. Elle est supportée par 1,015 personnes sur 4,852 habitants, ce qui fait 13 50 par tête.

M. Allemand se déclara hostile aux droits d'octroi et de places, qui frappent les objets de consommation de première nécessité, sont injustes parce qu'ils sont payés par les contribuables déshérités de la fortune comme par les plus favorisés. Il demanda au conseil d'émettre le vœu que ces droits soient supprimés et remplacés par un impôt proportionnel sur la fortune de chaque citoyen, afin que chacun contribuât aux charges dans la juste proportion de ce qu'il possédait. Il émit l'avis qu'en conséquence il soit proposé un projet de loi ainsi conçu :

« Les droits d'octroi et de place sont abolis par les motifs suivants : ils frappent principalement sur les objets de consommation de première nécessité ; ils frappent surtout sur les classes ouvrières et nécessiteuses ; ils sont vexatoires dans leur mode de perception.

« Ils seront remplacés par un impôt proportionnel

sur le revenu de chaque habitant de la commune ; le montant de ce revenu sera fixé chaque année par le conseil municipal. Pour atteindre ce revenu, sera pris pour base, pour les immeubles, le revenu porté à la matrice cadastrale : pour les titres de créances et valeurs productives d'intérêt, une loi déclarera nuls tous les titres et valeurs productives d'intérêts qui n'auront pas été déclarés dans le mois de leur création.

« La répartition sera faite par 15 membres du conseil municipal tirés au sort. »

Cette proposition, conforme aux traditions, aux principes des républicains démocrates, était trop radicale pour pouvoir être adoptée sous l'empire. Elle fut repoussée. Sous la République opportuniste même elle est toujours ajournée.

Depuis 1886 toutefois, une propagande très active en faveur de l'abolition des octrois est faite par notre collègue Yves Guyot et plusieurs autres membres des gauches avancées, pour renverser cette dernière barrière fiscale qui entoure certaines villes, et remplacer les ressources qu'elle assure aux budgets communaux, par un impôt sur la fortune, le plus équitable, le moins onéreux de tous.

C'était M. Charles Coupe, premier adjoint, auquel le maire, moins jaloux de ses prérogatives que son prédécesseur, abandonnait volontiers la partie difficile de l'administration, qui, dans la question des octrois comme dans celle des fontaines, était chargé de préparer, fournir les éléments de la discussion. Il était partisan aussi résolu de la conservation des octrois que — ce qui n'est pas peu dire — du maintien des frères à l'école communale de garçons : et sur ces

points il n'a jamais cessé, dans des rapports ou de
nombreux articles de journaux, signés de son nom,
des initiales C. C. ou Julien Mazerat (polémique La-
dry-Barret), car il aime à écrire et écrit bien, de soutenir ses opinions, qui à l'exception de la conduite des
eaux de la Senouire à Brioude, pour laquelle tout le
monde avait fini par être d'accord, ont été souvent
controversées.

Bien qu'étant aux premiers rangs dans son parti,
par son ardeur dans la lutte, les services qu'il a rendus
à sa cause, ses écrits coulant de source purement clé-
ricale, M. Coupe n'a jamais été qu'en sous-ordre.

Adjoint de M. Eugène Couguet, dans la période
dont nous parlons, il fut, en 1869, comme rédacteur
de *l'Indépendant de Brioude,* l'aide de camp de Guyot-
Montpayroux dans sa campagne électorale ; en 1871
et jusqu'en ces derniers temps, l'un des plus influents
agents électoraux de tous les candidats réactionnaires
ou conservateurs de n'importe quelle nuance, aux élections pour le Sénat, la Chambre des députés, le conseil général, le conseil d'arrondissement ; et enfin,
quoique un des rédacteurs en chef et des *hommes d'Etat
du Moniteur de Brioude,* où il a eu pour collaborateurs
l'ancien huissier Parfait Brunereau, le docteur Pouget.
Emile Grenier, il est resté effacé devant ce dernier,
qui est devenu le benjamin du parti prêtre.

C'est que M. Grenier est un avocat bredouilleur,
souvent bredouille, mais aussi ambitieux qu'intrigant,
qui court après les clients et les électeurs, que M.
Coupe, quand il était notaire, attendait dans son étude,
les brusquant quand il croyait en avoir des motifs, ou
même les mettant à la porte comme il y mit un brave

paysan qui lui demandait d'inscrire dans son testament ses volontés d'être enterré sans l'assistance des prêtres.

Il ne néglige aucun moyen de se mettre en vue, de faire parler de lui ; il pélerine à Lourdes, préside les distributions de prix des frères et maristes qui le réclament, organise des sociétés musicales, se fait déléguer aux comités électoraux du chef-lieu et des cantons ; est un chaud défenseur de l'autel et du trône, en même temps qu'un rageur et un raseur à froid, et aussi myope d'ailleurs au moral qu'au physique, met bruyamment les pieds dans le plat, partout où il passe.

M. Coupe, moins agressif dans la forme, se contente de casser les vitres chez lui, quand ses amis et lui sont battus sur le terrain électoral et peu contents, et il s'est adonné à l'agriculture, ayant renoncé à conquérir la popularité que son cléricalisme, plus intense que tapageur, l'a empêché à jamais d'avoir, et à la haute position que lui avait promis, aux jours de ses triomphes, son ami Guyot-Montpayroux, qui avait fait tant de promesses.

La question des fontaines fit un pas décisif.

Malgré les ressources en caisse, provenant des excédants des recettes sur les dépenses pour les exercices de 1866, 67, 68, qui montaient à 27,000, 24,000 et 11,000 fr., l'assemblée des plus imposés, sur la proposition du maire, après la lecture du rapport de M. Coupe, décida qu'un emprunt de 60,000 francs serait fait pour 19 ans, au taux de 4 ½ % par obligations de 500 francs, remboursable par des tirages au sort annuels.

Ainsi, l'emprunt était enfin voté. La dérivation de l'Allier avait été, nous l'avons dit, abandonnée à la suite du rapport de M. Coume, apprenant qu'il faudrait remonter jusqu'au village de Laborie, à 3 kilomètres et demie en aval du pont de Lavoûte-Chilhac, pour remonter l'eau au même niveau que la réserve de la Croix-des-Frères. Le développement de la conduite serait de 33 kilomètres, et la dépense aurait été de 450,000 francs au moins pour un débit de 2,400 litres par minute, et de 540,000 francs au moins pour un débit de 400 litres.

Les projets par la rive droite de la Senouire, le passage de la rivière sur un viaduc spécial ou sur celui du chemin de fer, furent également repoussés, de nouveau, comme offrant des difficultés, des inconvénients que n'aurait pas rachetés une diminution dans le chiffre de la dépense.

Ce fut le projet de la dérivation des eaux de la Senouire par la rive gauche qui fut adopté et commencé sous l'administration Couguet.

Nous avons donné le procès-verbal des délibérations prises à cet effet. Nous allons faire connaître, d'après le rapport de M. Coupe, l'économie de ce projet, et les conditions dans lesquelles il a été exécuté.

« Cette galerie souterraine est longue de 124^{m}80, haute de 1^{m}25 à 1^{m}35, et large de 1^{m}20. Elle repose entièrement sur le rocher. Dans le projet primitif l'eau devait arriver par la voûte, aujourd'hui elle arrive par 120 barbacannes ménagées dans le bas des pieds-droits. On peut y pénétrer par les deux puits placés à chaque extrémité, l'un sur la rive droite, l'autre sur la rive gauche. La porte en fer qui donne accès dans ces puits a son seuil au dessus des plus hautes eaux.

« La galerie et les deux puits ont coûté 22,200 fr.

» En sortant du puits de la rive gauche, l'eau pénètre, en passant par une grille formée d'une plaque de fer percée de trous, dans une galerie haute de 1^{m}60, large de 0^{m}70, longue de 208^{m}20, qui aboutit à un troisième puits placé en aval du pont de Lavaudieu.

» Cette galerie, qui n'avait pas été prévue d'abord, constitue une des plus grandes, la plus grande même des améliorations apportées à l'avant-projet. En effet, elle est assez élevée pour que l'on puisse la parcourir aisément sans se baisser, et elle rendra très facile l'enlèvement du peu de sable que les eaux entraînent avec elles. Sur ce point, un canal n'ayant que les dimensions du surplus de la conduite, aurait été assez vite obstrué et le curage eût présenté de sérieuses difficultés, à cause de la profondeur (4^{m}30), à laquelle le tuyau eût été placé.

» Cette galerie, à cause des dimensions restreintes des fouilles, qu'il n'a pas été possible d'élargir, en présence des exigences des propriétaires, a dû être construite en entier en batisse de pierres et ciment. L'épaisseur des pieds-droits et de l'arceau n'est que de 0^{m}20; cependant, elle offre une grande solidité, parce qu'elle a été maçonnée avec le plus grand soin et que de chaque côté elle s'appuie au rocher. Elle a coûté 8,043 fr. 30, et, avec les cinq premiers regards, qui ont également demandé des soins particuliers, car ils peuvent être parfois couverts par les hautes eaux, elle représente 199 mètres cubes de maçonnerie.

» Le troisième puits, placé à l'extrémité inférieure de la galerie que nous venons de décrire, ne présente pas de disposition particulière. C'est plutôt un très grand regard dans lequel il est facile de faire pénétrer et se mouvoir plusieurs personnes à la fois. Il servira à régler la quantité d'eau à faire pénétrer dans le long manchon en béton de ciment qui part de ce puits pour se prolonger jusqu'à la Croix-des-Frères, sur une longueur totale de 11,689 mètres, et qui est coupé par 74 regards. Tous ces regards sont de la même dimension en largeur et en longueur; la profondeur seule varie, suivant que la conduite a été placée plus ou moins bas dans la terre et que la forme des terrains traversés a obligé à des déblais plus ou moins considérables.

» Ces regards ont 0^m90 de longueur sur 0^m60 de largeur. Vingt-un d'entre eux sont munis d'une vanne latérale de décharge. Dans tous le radier est placé plus bas que les deux sections de la conduite qui y aboutissent, afin que le sable ou les matières terreuses qui seraient entraînées puissent s'y déposer.

» Il est entré dans la fabrication de ce tube 885 mètres cubes de pierres cassées, 470 mètres cubes de sable et 694,243 kilogrammes de ciment de Vassy ou Grenoble.

» Ce canal en béton, y compris les 74 regards qui le coupent, a, depuis la sortie du puits numéro 3 à Lavaudieu, jusqu'à la Croix-des-Frères, une longueur totale de 11,689 mètres, et une pente régulière de six centimètres par cent mètres ou six dix millièmes par mètres. La pente, d'après le projet, ne devait être que de cinq centimètres par chaque cent mètres. L'augmentation qui lui a été donnée permettra d'amener facilement 2,000 litres à la minute. L'eau, parcourant environ 2 mètres par seconde, arrivera en 6 heures 49 minutes. Deux syphons ont dû être construits, dans la traverse du village de Vieille-Brioude, l'un de 6^m15 de longueur et 0^m99 de flèche, l'autre de 24^m18 de longueur et 1^m28 de flèche.

» Le canal en béton est placé dans la terre à une

profondeur très variable. Il repose sur une couche de sable. Les accidents de terrains ont nécessité la construction de quatre aqueducs, de deux ponceaux, et enfin dans les rochers, sous l'église de Vieille-Brioude, ont exigé deux arcs surbaissés en maçonnerie, l'un de huit, l'autre de dix mètres.

« En venant de Lavaudieu, le premier pont-acqueduc est celui du ruisseau de Julliard. Il a cinq arches, dont la plus élevée est de 15^m60 de hauteur sous clef. Le second franchit le ravin de la propriété Vayron, par cinq arches, dont une de 16^m55 d'élévation. L'aqueduc de Mirabel, près du pont de Vieille-Brioude, n'a que trois arches de 8^m46 de haut, et enfin l'aqueduc de Combefranche a cinq arches, dont une mesure 9^m30 d'élévation. Enfin, la conduite emprunte, pour franchir l'Allier, la magnifique arche du pont de Vieille-Brioude. Sur ce point, le canal en béton de ciment a été remplacé, sur une longueur de 51 mètres, par des tuyaux en fonte, de 0^m30 de diamètre intérieur, pesant 5,151 kilogrammes. »

Les premiers travaux des fontaines, le captage des eaux dans le lit de la Senouire par un acqueduc souterrain, commencèrent enfin au milieu de 1870. On avait renoncé à faire un second acqueduc transversal, cru d'abord nécessaire pour amener à Brioude 4,000 litres d'eau par minute, ce qui n'aurait probablement pas produit le résultat espéré, les deux acqueducs n'étant pas assez éloignés l'un de l'autre. La conduite fut faite pour donner 1,200 litres, quantité plus que suffisante aux besoins des habitants. Mais à cause de la pression ou de l'abondance des eaux captées, la ville reçoit actuellement ou peut recevoir 2,000 litres par minute, ce que les plus grandes villes de France ne peuvent pas se procurer.

Les bruits, les préparatifs de la déclaration de cette guerre fatale, que l'impératrice appela *sa guerre à elle* répandirent dans la France entière une émotion, une inquiétude, qui firent taire toute autre préoccupation. Il est probable que si, en septembre, on n'avait pas mis la main à l'œuvre des fontaines, donné des terrassements et maçonneries en adjudication, traité avec l'entrepreneur de la conduite monolithe en ciment, qui devait avoir 13 kilomètres de long, on ne se serait pas lancé dans une pareille entreprise à l'heure où la France était envahie. L'administration Couguet n'aurait pas eu l'honneur de prendre l'initiative de cette entreprise d'utilité publique. On ne rêvait plus que victoires et conquêtes.

CHAPITRE X

LES PROSCRITS EN BELGIQUE

Pendant que, sous l'empire, qui ne finissait pas, notre bonne ville de Brioude voyait passer les administrations Andrieux, Gaubert, Couguet, j'étais sur la terre étrangère, habitant, l'hiver un royaume constitutionnel, la Belgique, l'été une république démocratique, la Suisse. Je me trouvais toujours aux portes de la France ; et à Bruxelles, presque un faubourg de Paris, j'apprenais par des lettres ce qui se passait au pays natal pouvant m'intéresser. Ce n'est donc que de seconde main ou par ouï dire que j'ai pu parler, dans ces *Mémoires,* des évènements qui se sont accomplis pendant l'empire. C'est au contraire comme témoin ou acteur que je vais rappeler le plus brièvement possible, en les empruntant à mon livre des *Proscrits,* les renseignements que j'ai à donner sur la proscription.

« Pendant la longue durée de leur séjour à l'étranger, les proscrits ne cherchèrent pas à révolutionner les pays où ils recevaient un asile. Ils n'avaient qu'une pensée, qu'une volonté, combattre à outrance l'ennemi qui avait tué la République, proscrit les républicains, mis la main sur la liberté et le pied sur la France. L'œil fixé sur la patrie, écoutant les moindres bruits

du dehors, ils forgeaient leurs armes pour la lutte
nouvelle. Ces armes n'étaient ni bien nombreuses ni
bien puissantes. Aux forts, aux canons du despotisme,
ils n'avaient à opposer que la presse, et contre les
sabres des gendarmes, les baïonnettes des soldats, ils
ne pouvaient croiser que la plume. Pleins d'espérance
dans l'avenir, ils se mirent tous à l'œuvre dans la
mesure de leur force, parce que c'était leur devoir de
protester, au nom du droit et de la justice, contre la
force et l'iniquité; d'élever la voix quand tout faisait
silence.

» A ce moment, commença cette série de pamphlets,
de brochures de tous genres, excitant ouvertement le
monde civilisé à la haine et au mépris des auteurs et
des complices du coup d'Etat, par cela seul qu'ils
racontaient simplement les actes des décembristes et
la biographie des conspirateurs arrivés au pouvoir.

» Comme des traits empennés, ces feuilles légères
étaient lancées, de tous les pays environnants, sur la
France, que défendait mal sa triple ceinture de douaniers, de policiers, de gendarmes. »

Nous avons dit ailleurs les titres et les auteurs des
principaux écrits qui eurent sur le réveil de la France
une si grande influence.

Ceux qui n'écrivaient pas faisaient circuler, passer
à travers tous les obstacles, les œuvres prohibées.
Comme mes amis, je fis de la propagande par tous les
moyens possibles.

Les exilés qui, en Belgique, signèrent leurs œuvres,
durent quitter le royaume peu hospitalier, quoi qu'on
dise, où les français, qu'on appelle des *franquillons*,
sont plus enviés qu'aimés, dont était roi d'ailleurs un

petit-fils de Louis-Philippe, et avait, avec assez de raison, une peur noire de son tout puissant et peu scrupuleux voisin. Ces expulsions éclaircirent nos rangs, où la mort ne tarda pas à faire des vides. Ce furent toutefois les grâces et surtout l'amnistie qui réduisirent la proscription belge, comme les autres, à sa plus simple expression.

« Lorsqu'à ceux qui demandaient toujours *(Livre des proscrits),* comme à sœur Anne, ne vois-tu rien venir? la sœur Anne répondait constamment : Je ne vois que la France qui poudroie et l'empire qui verdoie, le découragement, l'inquiétude, la désespérance envahirent une partie de la proscription, affaiblirent les courages, triomphèrent des meilleures résolutions. Beaucoup passèrent sous les fourches caudines de l'empire, qu'ils exécraient et méprisaient. Ils n'eurent pourtant pas besoin, à ce moment, de s'humilier ni de se baisser bien bas. Ce que l'empire exigeait alors des rentrants, c'est qu'ils renoncent à la politique et ne protestent pas contre le fait accompli. La plupart, en adressant une simple demande ou autorisant quelqu'un à le faire pour eux, pouvaient revoir la patrie sans autre condition. Il y en eut qui furent grâciés on ne sait pour quel motif, sans le vouloir, malgré eux. Et cependant, que de résistances, de déchirements, de combats, causa dans l'esprit de nos amis la pensée de devoir ainsi une grâce à l'homme qui les avait proscrits avec la liberté, en tuant la République ! Quelle pression fut exercée sur tous les exilés pour les forcer à briser les chaînes qui les retenaient, loin du pays natal, sur la terre étrangère ! La majorité, il faut le dire, résista à toutes ces manœuvres du *compelle intrare.»*

Il n'en fut pas et il ne devait pas en être de même pour l'amnistie.

En 1859, Louis-Napoléon, lorsqu'il la donna, était au point culminant de son règne ; tout lui avait réussi jusqu'à ce jour. Paris venait d'acclamer les armées françaises revenant victorieuses d'Italie. L'Augustules du bas empire, ayant un héritier de son mariage avec une espagnole, crut pouvoir rouvrir à ses ennemis les portes de l'empire sans craindre d'affaiblir son autorité, de déchaîner la révolution ; et il voulait donner en même temps un dérivatif au mécontentement causé dans le peuple et aussi dans l'armée, par le traité de Villafranca qui avait laissé la Vénétie à l'Autriche. Il espérait tout à la fois, par cette mesure, faire de la popularité, éteindre le phare de lumière brillant sur toutes les frontières de France, avoir sous la main les adversaires qui l'inquiétaient du dehors, et jeter sur ses proscripteurs aussi bien que sur ses actes récents, le voile de l'oubli.

Cette amnistie, nous ne l'attendions pas. Elle tomba sur nos têtes comme une tuile. Au premier moment, ce furent la surprise, la colère, l'indignation qui agitèrent les proscrits. Tous s'élevèrent avec véhémence contre l'insolence impériale qui changeait les rôles et faisait amnistier les victimes par le criminel. Tous jurèrent qu'ils n'amnistieraient jamais le proscripteur.

De Guernesey, de Londres, de Suisse, de partout, Victor Hugo, Louis Blanc, Schœlcher, Charras, Edgar Quinet, Félix Pyat, Clément Thomas et autres exilés lancèrent des protestations énergiques. Tous déclarèrent qu'ils resteraient sur la terre étrangère aussi longtemps que l'usurpateur resterait sur son rône ; que le grand coupable ne serait pas puni.

La première émotion passée, on s'adressa dans le gros de la proscription cette question? Qu'allons-nous faire? Doit-on rester? Faut-il partir? Les opinions furent diverses; chaque proscrit prit le parti qui lui parut le plus convenable, laissant les autres libres d'en faire autant.

Les portes de la France étaient ouvertes à tous, sans exception, sans conditions. Les frontières n'étaient plus gardées par le cordon sanitaire de gendarmes et de soldats que les proscripteurs avaient placés pour interdire aux bannis l'accès de leurs pays. Tout proscrit pouvait, suivant sa volonté, sa position, les devoirs divers à remplir, les droits à exercer, revoir la patrie, y reprendre sa place au foyer paternel sans avoir à courber la tête, sans cesser d'être un combattant sûr, dévoué, courageux, de l'armée démocratique.

Ceux qui restèrent, s'ils n'étaient plus proscrits, demeuraient les témoins vivants de la proscription; en cessant d'être des réfugiés politiques, ils devenaient des exilés volontaires. Au lieu de désarmer, ils redoublèrent d'énergie, d'efforts pour suppléer au nombre par l'union, la propagande, l'habileté de l'attaque. Ils continuèrent de cerner l'empire d'un cercle de lumière et de feu, lui montrant, ainsi qu'à la France, l'ennemi républicain toujours sous les armes. A l'intérieur comme à l'extérieur, les proscrits avaient donc à remplir une grande mission, celle de travailler au renversement de l'empire par les moyens qui étaient en leur pouvoir. Ils l'accomplirent sans hésitation, sans faiblesse.

Je fus de ceux qui ne voulurent pas respirer l'air malsain de la sentine impériale. Nous n'avions pu, en Belgique, déclarer par des manifestes, que nous ne rentrerions en France qu'avec la liberté, avec la République.

Aucun engagement d'honneur ne nous retenait sur la terre étrangère. Je pus, tout en continuant d'y vivre en ennemi de l'empire et de l'empereur, aller passer un mois chaque année avec les miens, pendant la saison des vendanges, dans mon pays natal.

En passant à Paris, je me mettais en communication, bien entendu, avec nos amis politiques, et m'entretenais avec eux de nos projets du présent, de nos espérances d'avenir. Toutefois, je ne prenais point une part officielle, active, à la vie politique du pays. Si je pouvais m'occuper, de près comme de loin, du mouvement électoral qui avait lieu pour les assemblées de la commune, du département, de l'Etat, je ne songeais point à me présenter comme candidat et ne faisais partie d'aucun comité.

En 1869 et 1870 le nombre des réfugiés politiques s'accrut sensiblement en Belgique. Nous vîmes y venir successivement les écrivains, les orateurs, qui par la voie de la presse, par les discours, dans les réunions publiques, avaient attaqué ouvertement, violemment l'empire et l'empereur. C'est alors que je fis connaissance avec Henri Rochefort, Rogeard, Longuet, Gustave Flourens, Germain Casse, Tridon, Blanqui, Lissagaray, Amouroux, Goys, Marottau, Dacosta ; de l'*Internationale,* alors proscrite, Varlin, Sérisier, Gombaud. Ils venaient chercher un asile à Bruxelles pour échapper à la prison.

Avec eux nous arriva une autre espèce de réfugiés dont la grande proscription du coup d'Etat avait été.

on doit le dire, préservée, celle des mouchards et des
agents provocateurs, qui, à Paris, avaient par leur
exagération de parole, leur appel à la violence, leurs
complots de police, amené dans la rue des désordres
dont les démocrates ardents avaient été victimes.
Ceux-là venaient continuer leur œuvre en Belgique.

C'étaient les sous-officiers Baury, Asnon, Fayole,
qui se disaient déserteurs, et avaient été attachés à
Flourens par la police, Debeaumont, Ciseleur, Terrail,
Ruault, maçon, Verdier.

Nous finîmes par démasquer un certain nombre de
ces inconnus, dont quelques-uns, reconnus traîtres,
furent fusillés en mai par ordre de la Commune dont
faisaient partie Amouroux, Tridon, Flourens, Sérisier,
Lissagaray, Marcottau, Dacosta, qui, dans la semaine
sanglante, devaient être fusillés par les versaillais,
assassinés par les sergents de ville, ou transportés en
Californie.

Nous n'avions pu avoir la preuve que Lagrange,
le célèbre agent de la police secrète, que la République
a si absurdement maintenu en fonction jusqu'en ces
derniers temps, était venu à Bruxelles organiser, avec
quelques-uns des nouveaux venus, le complot des
bombes Lepelt, fabriquées ou déposées à Paris par la
police chez Guérin, dont étaient complices, ce qui se
dévoila plus tard, Verdier, et en première ligne le
jeune Baury, que sur une recommandation d'amis de
France, Boichot et moi avions fait placer dans un pen-
sionnat. Cela nous aurait permis de faire la lumière
devant le pays, avant les débats du procès de complot
inventé pour enlever le plébiscite, en effrayant les
classes riches et commerçantes, procès où la justice
se laissait mener par la police.

Fleury, l'ancien préfet de l'Indre, qui avait fait exprès le voyage de Bruxelles, et moi, à mon passage à Paris, nous aurions remis à Delescluze, que je voyais pour la première fois, les preuves de la trame ourdie par le gouvernement et dans laquelle d'ailleurs aucun des vrais réfugiés politiques ne se laissa prendre, si les blanquistes n'avaient pas cru devoir les garder pour les produire seulement devant la haute cour de Blois, ce qui était trop tard.

C'est pendant cette dernière période de l'empire que la France s'était réveillée de son long sommeil.

L'empire avait été à son apogée lorsque, après la guerre d'Italie, Nice et la Savoie furent annexées à la France. Les expéditions lointaines, la guerre du Mexique surtout, mécontentèrent le pays, que la perte de ses libertés, la dilapidation des finances rendaient plus ou moins impatient du joug, et ébranlèrent dans sa base le gouvernement impérial, en détruisant la légende d'un Napoléon empereur des paysans et d'un empire qui était la paix.

A côté de l'opposition dynastique se disant libérale, parce qu'en s'aplatissant devant le maître elle s'attaquait à ses ministres, à ses sénateurs, à ses courtisans, et réclamait à grands cris un changement de per-sonne dans le gouvernement, il s'était formé une op-position républicaine ardente, jeune, courageuse, qui, renforcée des vétérans revenus de l'exil, conspirait le renversement de l'empire. En même temps, les hommes de cœur de tous les partis qui ne voulaient ou ne pou-vaient plus supporter le despotisme se jetèrent dans la lutte, la plume à la main.

Les poursuites, les procès, les condamnations ne

purent ni empêcher ni arrêter cette propagande. C'est alors que la France fut inondée de ces écrits lus avec avidité, les *Châtiments* et *Napoléon le petit*, de Victor Hugo, qui furent alors répandus partout, n'ayant pu, à la première apparition, qu'être déposés en mains sûres, la *Lanterne*, de Rochefort, les *Propos de Labiennus*, par Rogeard, la *Dynastie des Lapalisse*, par Longuet, *Paris en Amérique*, par Laboulaye, les articles de Prévost-Paradol dans les *Débats*, les révélations d'Haussonville, les protestations de Montalambert lui-même, qui avait été le témoin de Louis-Napoléon aux jours du coup d'Etat.

Dans le quartier des écoles, Longuet, Jules Vallès, et leurs amis publiaient des journaux ouvertement hostiles à l'empereur et à l'empire, qui reparaissaient sous un autre nom à mesure que la magistrature impériale les supprimait. Les étudiants faisaient passer de main en main ces strophes révolutionnaires, attribuées à Rogeard :

LE LION DU QUARTIER LATIN

Non ! La jeunesse n'est pas morte !
Dans sa colère elle a surgi.
Que César garde bien sa porte,
    Le jeune lion a rugi !
Vous riez parce qu'il sommeille :
Prenez garde qu'un beau matin
    Il ne s'éveille,
Le lion du quartier latin !

L'étudiant, c'est l'avant-garde
Qui conduit au feu l'ouvrier !

Il n'a pas perdu la cocarde
      De Juillet et de Février !
Aréole, Vanneau, noble race,
Qui combattiez d'un bras certain
      Les rois en face,
Il bondira sur votre trace,
Le lion du quartier latin !

Dans la nuit qui te couvre, ô France !
On cherche à tâton l'ennemi !
Nuit de bien long cours, nuit immense :
Pardonne-nous d'avoir dormi ;
Mais vois ? Dès la première aurore,
Comme fidèle à son destin,
      Il flaire encore
Celui que tu veux qu'il dévore,
Le lion du quartier latin !

Las de vos trompeuses paroles,
Le peuple, au *Moniteur* qui ment,
Jette par la voix des écoles
Un troisième avertissement :
Désabusé de votre frime,
Il montera sur l'Aventin,
Et lâchera sur votre crime
Le lion du quartier latin !

Pauvre peuple, cinq rois à peine,
Qu'en ce siècle il a dévorés,
— Court régal pour sa longue haleine ! —
Sont depuis longtemps digérés.
Il est temps qu'il meure ou qu'il parte
Celui qui du dernier festin
      Payera la carte ;
Il veut manger du Bonaparte,
Le lion du quartier latin !

Dans les salons, on déclamait les strophes les plus sanglantes des *Châtiments,* dont nous donnons un extrait, ne pouvant tout citer.

> O dégradation du sceptre et de l'épée,
> Notre main de justice au cloaque trempée :
> Devant l'hydre le seuil du temple ouvre ses gonds,
> Et le trône est un siège aux croupes des dragons.
> Siècle infâme ! ô grand ciel étoilé, que de honte !
> Tout rampe, pas un front où le rouge ne monte ;
> C'est égal, on se tait, et nul ne fait un pas.
>   O peuple, million et million de bras,
> Toi, que tous ces rois-là mangent et déshonorent ;
> Toi, que leurs majestés les vermines dévorent,
> Est-ce que tu n'as pas des ongles, vil troupeau,
> Pour ces démangeaisons d'empereurs sur la peau ?

Les motions les plus violentes retentissaient dans les réunions populaires, librement ouvertes pour en faire des souricières, où les républicains dont la police se méfiait ou qu'elle voulait connaître, pussent, étant poussés par des agents provocateurs, compromettre eux et leur parti en passant des paroles aux actes. Au besoin, les émeutiers sortaient de la rue de Jérusalem, en blouse blanche, armés de gourdins et de casse-têtes, tapant à droite et à gauche, brisant les réverbères, les kiosques des marchands de journaux, en criant : vive l'anarchie ! à bas la bourgeoisie ! et faisant des appels à la révolte, à des émeutes, dont les brigades de police devaient avoir facilement raison, mais qui devaient, en effrayant la bourgeoisie, la ramener aux pieds du sauveur de l'ordre, de la propriété, de la famille. Flourens, qui, sous la Commune, dont il était un des chefs, périt assassiné par des gendarmes, et Eudes, un des généraux aussi de la Commune, furent les victimes de cette machiavélique politique ; ils tombèrent dans un de ces guet-apens organisés par la police sur les hauteurs de Belleville, et n'échappèrent à des condamnations sévères qu'en se réfugiant à l'étranger.

Louis-Napoléon, après avoir donné la liberté de la boulangerie, la liberté de la boucherie et, pour faire plaisir à l'Angleterre, l'intime alliée d'alors, le libre-échange, avait toléré une liberté de réunion telle que, pourvu qu'on n'y fît pas de la politique proprement dite, qu'on ne parlât point de son auguste personne, qu'on n'attaquât point son gouvernement, il était permis de faire du socialisme à toute vapeur, de tonner contre l'organisation de la société, la constitution et la propriété de la famille. Des doctrines, des théories, proscrites, flétries par le parti de l'ordre, par les conservateurs, monarchistes, bonapartistes, cléricaux, étaient maintenant tolérées, semblaient être encouragées par le pouvoir. Les habiles de l'opposition dite dynastique, à la tête de laquelle était Emile de Girardin, croyaient ainsi trouver le moyen tout à la fois d'attacher à l'empire les travailleurs, les ouvriers, dont on laissait se produire librement les revendications, et ramener à lui par la peur d'une révolution sociale les classes riches, qui ennuyées d'un régime de compression, d'égalité dans la servitude, de coups de tête et de coups d'état, et voulant la liberté pour elles seules, paraissaient préparer une nouvelle fronde qu'il fallait étouffer dans son germe.

A un moment au contraire, il s'en fallut de l'épaisseur d'un tombeau qu'il n'éclatât à Paris, et par le fait

non plus de la police, mais d'un Napoléon, une émeute
de nature à se transformer en une insurrection formi-
dable qui aurait pu entraîner la chute de l'empire, pen-
chant déjà du côté où il devait tomber, ce qui aurait
évité à la France les hontes et les malheurs de l'invasion.

Pierre Bonaparte, un vrai corse doublé d'un cosa-
que, assassina dans sa chambre, d'un coup de revolver,
Victor Noir, qui était allé avec Ulric de Fontvielle, lui
demander réparation d'outrages dont le cousin de l'empereur s'était rendu coupable envers Rochefort et ses
amis. L'indignation, la colère éclatèrent dans toutes les
classes de la population, parmi les ouvriers surtout, et
une foule énorme se porta, houleuse, menaçante, autour
de la maison de Victor Noir, pour lui faire des funérailles révolutionnaires. Si la victime de Napoléon eût
habité Paris, il n'y a pas de doute qu'il se fût élevé des
barricades défendues par tous les ennemis de l'empire,
et la bataille eût été terrible. Malheureusement, le
cortège qui accompagnait le cercueil devait, pour
entrer à Paris, traverser un vaste espace découvert où
les assaillants auraient été fusillés, mitraillés, sans
pouvoir même se défendre.

Rochefort et Delescluze, qui dirigeaient le mouvement, firent adopter, malgré Flourens et Vermorel
voulant qu'on marchât sur Paris, l'avis de ceux qui
déclaraient impossible, funeste pour le parti républicain, une prise d'armes.

Rochefort, dans son journal et sur la tombe de Victor Noir, comme à la Chambre, avait attaqué avec
une violence extrême l'assassin et les Bonaparte.
Dans la *Marseillaise* il disait :

« J'ai eu la faiblesse de croire qu'un Bonaparte
était autre chose qu'un assassin. J'ai osé m'imaginer
qu'un duel loyal était possible dans cette famille, où
le meurtre et le guet-apens sont de tradition et d'u-
sage.

» Voilà dix-huit ans que la France est entre les
mains ensanglantées de ces coupe-jarrets qui, non
contents de mitrailler les républicains dans les rues,
les attirent dans des pièges immondes pour les égorger à domicile. »

A la tribune, réclamant le jury pour y faire compa-
raître le prince, qu'on déférait à la haute cour de justice, il s'écria :

« En présence des faits qui se sont passés depuis
longtemps, on se demande si l'on est sous les Bonaparte ou sous les Borgia. »

Rochefort fut rappelé à l'ordre puis traduit en
police correctionnelle. Il fut condamné à six mois de
prison. Il fut arrêté au moment où il entrait dans une
salle où il avait donné rendez-vous à ses électeurs.
Flourens le voyant entre les mains des agents de police
cria aux armes, et un commencement d'émeute, bientôt réprimée, eut lieu sur les hauteurs de Belleville.
Pierre Bonaparte ayant fait plaider qu'il était en
état de légitime défense, la haute cour crut sa parole
et l'acquitta. Ce scandale causa une assez vive émotion dans la France entière, que les massacres des
ouvriers mineurs par la troupe, à Aubin et à la Rica-
marie devaient de nouveau indigner. On y voyait un
regain du coup d'Etat.

C'était cependant au moment de la transformation

de l'empire autoritaire en empire libéral, que ces derniers évènements se produisirent.

L'empire libéral devait avoir pour couronnement le
ministère d'Emile Ollivier, le renégat, un des cinq
députés qui, au corps législatif, avaient pendant la
plus grande partie de l'empire représenté l'opposition.
Il y trouva l'égoût. Se donnant pour collègues ses
anciens adversaires, Buffet, de Talhouet, le duc de
Grammont, le général Lebœuf, Ollivier, ambitieux sans
vergogne, était enfin parvenu, après avoir fait son
évolution, à détrôner Rouher, le chef des vieux bonapartistes.

Alors aussi s'accomplit une scission éclatante, entre
l'opposition républicaine et les libéraux de l'opposition dynastique fort heureux de se faire les soutiens,
les courtisans, les fonctionnaires, du ministère des
jeunes.

Quelques jours auparavant, à la veille des élections
générales, les napoléoniens dits libéraux et les républicains de principe, réunis contre les détenteurs du
pouvoir, avaient vu marcher avec eux une partie de
la bourgeoisie et l'opposition appelée *irréconciliable*
par Gambetta, qui, dans le procès intenté à l'occasion d'une manifestation sur la tombe de Baudin,
débuta dans l'arène politique, de manière à se mettre
d'un bond au premier rang des ennemis de l'empire.

CHAPITRE XI

LÉONCE GUYOT-MONTPAYROUX

M. Guyot-Montpayroux était parmi les jeunes impérialistes à jeûn qui voulaient prendre la place des impérialistes repus. Les élections qui devaient se faire en 1869 lui procurèrent une occasion favorable pour arriver d'abord aux honneurs, ensuite au pouvoir.

Il crut devoir fonder à Brioude un journal hebdomadaire qu'il appela *l'Indépendant de Brioude*. Il eut pour collaborateurs MM. Coupe, Maurice Chanson, Daime, et prit pour gérant un pauvre diable sans sou ni maille, sans instruction, sans opinion, Jean Gauthier, qui endossa et signa tous les articles qu'il ne voulait pas signer lui-même.

Ce jeune ambitieux prit tout d'abord une excellente position ; il fit appel à tous les hommes indépendants ; attaqua avec une violence extrême la candidature officielle ; fit une guerre acharnée au député, qui était alors questeur, M. de Romeuf, au préfet Demonts, au sous-préfet Baudelocque, à tous les fonctionnaires ; dénonça tous les abus, tous les actes arbitraires de l'autorité ; promit les plus belles réformes. Avec cela, il jetait l'argent par les fenêtres, parcourait les cantons en se posant, selon les lieux,

selon les temps, ici comme un anti-clérical, là comme
un défenseur de la religion de ses pères. Ecrivant et
parlant avec verve et entrain, tapant sur le ventre des
uns, prenant les autres par les sentiments ou les intérêts, embrassant les femmes, donnant des poignées
de mains aux hommes, il devint rapidement très populaire et contribua beaucoup, par la propagande électorale qu'il faisait pour lui, à réveiller dans nos pays,
en les rassurant, le courage civique de nos paysans et
de nos ouvriers, qui ne se doutaient pas alors, comme
les républicains clairvoyants, que si M. Guyot-Montpayroux se montrait si audacieux, si agressif, en faisant
une opposition qui jusqu'à ce jour avait été poursuivie,
condamnée comme factieuse, c'est qu'il avait des at-
taches au Palais-Royal, avec le prince Jérôme, qui était
à la tête de ces libéraux dynastiques dont toute la politique en réalité se formulait dans cette maxime : « Ote-
toi de là que je m'y mette. »

Les anciens républicains eurent un moment l'intention de présenter des candidats. Le docteur Francisque
Maigne avait manifesté lui-même le projet de se
mettre sur les rangs. Seulement, alors même qu'il eût
eu des chances de succès, il avait à prêter le serment
de fidélité à l'empereur, serment rendu obligatoire
pour forcer précisément les républicains a passer
sous les fourches caudines de l'homme de Décembre,
pour entrer au corps législatif. Cette question du serment fut longuement agitée à l'étranger comme en
France. Plusieurs qui ne l'auraient pas prêté, furent
d'avis que les républicains ne devaient pas s'arrêter
devant un obstacle qu'on ne devait regarder que comme
une toile d'araignée. Tout obstacle mis par le pouvoir

du jour, à l'exercice du droit de suffrage donné par le peuple, ou à l'entrée d'une carrière où l'on parvient non par la faveur, en devenant servile ou même seulement zélé, dévoué, mais par le concours, par des examens, en restant indépendant, n'a aucune valeur morale, ne peut enchaîner ni la liberté ni la conscience du citoyen.

Jules Simon, qui à Bruxelles avait dit aux réfugiés que tout le monde pouvait le prêter excepté lui, fut le premier à faire le saut du tremplin. Jules Maigne et moi nous conseillâmes à notre ancien collègue à la législative et dans la proscription, de ne pas se présenter en subissant les conditions de l'empereur. C'est ce qu'il fit.

M. Grellet, ancien constituant, qui alors avait été un républicain modéré, et le baron de Flaghac, qui a toujours été un orléaniste modéré, posèrent leur candidature en face de celle du baron de Romeuf, candidat officiel, dont le seul concurrent sérieux était M. Guyot-Montpayroux, s'appelant le *candidat de la démocratie libérale*.

Les électeurs allèrent donc au scrutin, les 23 et 24 mai, sous quatre drapeaux différents, et leurs voix se répartirent ainsi : le baron de Romeuf, candidat officiel, eut 12,950 voix ; Guyot-Montpayroux, candidat de la démocratie libérale, 10,330 ; le baron de Flaghac candidat de l'opposition agréable, 4,807 ; Grellet, candidat de l'opposition de gauche, 1,991. Les candidats indépendants avaient eu 3,000 voix de plus que le candidat officiel. Mais celui-ci l'emportait de 2,000 voix sur M. Guyot. Il dut y avoir un second tour de scrutin. M. Grellet se désista immédiatement en faveur de M. Guyot ; le baron de Flaghac déclara se retirer, sans rien dire d'assez net, d'assez précis, pour que le préfet Demonts et M. Gaubert, ancien maire de Brioude, d'un côté, MM. Guyot-Montpayroux et ses amis de l'autre, ne pussent pas donner à croire qu'il favorisait de ses vœux ou de ses voix le candidat de leur choix.

La mêlée devint plus ardente que jamais. Pendant que les menaces, les promesses, le vin et l'argent coulaient à flots, la polémique la plus violente s'engagea dans la presse, des deux côtés, entre les rédacteurs de *l'Indépendant de Brioude* et ceux de *la Haute-Loire*, Paul de Léoni et Ludovic Vigé, envoyés exprès de Paris pour soutenir la candidature officielle. *L'Avenir*, fondé par des républicains, soutint énergiquement celle de M. Guyot-Montpayroux, qu'il fit triompher dans la circonscription du Puy, où il était moins connu qu'à Brioude.

Le résultat du second tour de scrutin, qui eut lieu les 6 et 7 juin, en plein empire, après 17 ans de nuit, fut magnifique. M. Guyot-Montpayroux obtint 18,946 voix ; le baron de Romeuf, ex-questeur au corps législatif, dont il était membre depuis la création, n'en eut que 13,000. Les urnes, il faut le dire, avaient été bien gardées.

L'arrondissement de Brioude, formant la moitié de la première circonscription, avait donné, à M. Guyot, 11,379 voix, au baron de Romeuf, 7,984. Le canton de Brioude, à G.-M., 2,564, au baron, 1,450. La ville de Brioude, au premier, 973, au second, 245.

La circonscription du Puy-Yssingeaux fut moins heureuse. Le candidat officiel, le marquis de La Tour-

Maubourg, triompha avec 21,200 suffrages de ses concurrents : Lagrevol, qui obtint 887 suffrages, et Victor Robert, qui n'en recueuillit que 600.

Dans la France, les élections avaient révélé les progrès qu'avait faits l'opposition depuis 1852. Voici la progression constatée :

	Candidats officiels	*Candidats indépendants*
1852	5,218,000	810,962
1857	5,470,888	571,859
1863	5,427,000	1,965,000
1869	4,050,050	3,248,885

Une quarantaine de députés des oppositions de diverses nuances entrèrent alors au corps législatif. De ce nombre furent : Jules Grévy, Gambetta, Bancel, Crémieux, Glais-Bizoin, Emmanuel Arago, Desseaux, de Jouvencel, Steenackers, Garnier-Pagès, Jules Ferry, Magnin, Bethmont.

Nos cantons, s'ils furent tirés de leur torpeur par M. Guyot, furent aussi infestés par lui de cette corruption par les rastels, les libations de vin, les distributions d'argent, imitée des anglais et mis en œuvre par tous les ambitieux, les intrigants, qui veulent arriver à leur but, coûte que coûte. M. Guyot-Montpayroux pouvait plus que tout autre, user de ces procédés, qui ont été, depuis, toujours employés dans certains cantons des arrondissements du Puy et d'Yssingeaux, même dans les élections au conseil général, mais n'ont pas cours dans les nôtres. Comme Louis Napoléon, prétendant, il empruntait sans compter l'argent des autres pour s'en faire des partisans intéressés à son succès.

Le contre-coup des changements dans l'orientation de la politique du jour se ressentit à Brioude comme partout. En voici un des premiers symptômes.

Le jour des élections, le sous-préfet Baudelocque avait, sous prétexte de maintenir l'ordre, mais on peut le croire pour intimider les électeurs, fait venir une compagnie de la ligne. Il n'avait pas consulté le maire, ne l'avait même pas prévenu de l'arrivée de cette troupe. Le 15 août suivant, jour où l'on célébrait avec les solennités habituelles la fête de l'empereur, bien qu'il s'appelât *Louis,* l'opposition dynastique voulut donner au sous-préfet une leçon de savoir-faire, sinon de savoir-vivre. La compagnie des sapeurs-pompiers, musique en tête, escortant le conseil municipal, le tribunal et les fonctionnaires, se rendit directement à l'église, pour y entendre chanter le *Te Deum,* au lieu d'aller prendre le sous-préfet Baudelocque à la sous-préfecture, comme c'était l'usage. M. Couguet, maire, ceint de son écharpe, vint seul chercher, pour l'accompagner à l'église, le fonctionnaire mis en quarantaine. Celui-ci se plaignit vivement de l'inconvenance commise à son égard, en en rendant responsable le maire, qui le laissa aller seul entendre la messe.

Le triomphe de celui qui s'était appelé le candidat de l'opposition libérale, et fut pris un moment au sérieux par les démocrates de la Haute-Loire, ne s'explique guère que parce que la démocratie, dans nos contrées, aspirait à la liberté, acclamant ceux qui lui paraissaient être les adversaires du despotisme dont la France subissait le joug depuis dix-huit ans.

C'est par un double courant de libéralisme apparent et de libéralités effectives, que M. Guyot-Montpayroux se trouva, en 1869, à la tête de la démocratie dans la Haute-Loire, où il conquit une popularité bien plus grande, plus retentissante que celle dont a joui, en quelque temps que ce soit, dans l'arrondissement et la ville même de Brioude, un autre enfant de notre ville, Jules Maigne, dont il a été toujours et de toutes manières l'antithèse vivante.

Ce personnage, qui a été un de mes plus ardents adversaires, a fait trop de bruit dans le monde parlementaire et dans nos contrées pour que je n'aie pas dû lui consacrer un chapitre spécial.

Né à Brioude, Léonce Guyot, quitta tout jeune le collège de sa ville natale pour faire d'abord à Clermont-Ferrand ses classes, puis à Paris son droit, droit dont il ne suivit jamais les cours. Et bientôt, sous le nom de vicomte de Montpayroux, il se lança dans la bohême du monde boulevardier.

Magnard, dans le *Figaro,* fit de lui une biographie qui a été consirablement augmentée, complétée dans une complainte que nous avons plus tard publiée. En voici des strophes :

> Avec sa figure un peu sombre,
> Sa grande barbe et son maintien,
> Il a quelque chose de l'ombre
> D'un conspirateur italien.
> L'œil est plus blagueur que féroce.
> Les cheveux noirs, toupet confus,
> Se dressant sur le crâne en brosse,
> Mal peignés, mal plantés, touffus.
> Il a le front fuyant, l'air grave ;
> Il est sémillant, hasardeux,
> Il est petit comme un zouave,
> Mais il est actif comme deux.

Pendant la campagne électorale de 1869, il envoya à tous les électeurs de sa circonscription son portrait lithographié, en tête de ses manifestes électoraux. Ceux de ses partisans qui ont conservé si longtemps dans leur boutique ce portrait placé à côté de celui du juif-errant, diront si ce portrait fait par son ami est ressemblant.

Abandonnant l'école de droit après avoir pris ses premières inscriptions, le jeune Guyot, dit sa complainte,

> Se lança bientôt dans le monde
> Des cocottes, de leurs amants ;
> Et dans le *Diable vert* qu'il fonde,
> Dit des théâtres les cancans.
> Prenant pour maîtresse une belle
> Du genre *rat,* aux cheveux roux,
> Guyot tout court s'enfle et s'appelle
> Le *vicomte de Montpayroux.*

C'est sous ce dernier nom, dont il avait supprimé le *vicomte,* qu'il est resté surtout connu. Comme homme politique, Montpayroux a joué un rôle étrange. Avec quelques-unes des qualités qui font l'orateur et l'écrivain, il ne fut jamais pris au sérieux par ceux qu'il défendait ou qu'il attaquait. Il a été, dans la presse, les réunions publiques, comme à la tribune, un polémiste agressif, violent, en paroles surtout, se croyant un homme d'Etat parce qu'il tournait à tous les vents pour arriver à la haute position sociale qu'il croyait lui être due, car *à peine au sortir de l'enfance,* Guyot-Montpayroux portait— toutes ses excentricités le prouvent— le germe de cette manie des grandeurs qui devait le conduire, alors qu'il était dans toute la force de

l'âge, à la maison de santé où il a fait une si triste
fin.

Il était difficile qu'il en fût autrement. Il avait, lit-on
dans les *Tablettes du sire de Montpayroux,* où il est
peint par lui-même, pris des leçons de gouvernement
dans les salons de M. Rouher, ministre d'Etat, de
démocratie dans les bureaux de M. Fialin de Persigny,
duc de Charamande, de fidélité aux principes dans la
chambre à coucher de M. Emile Ollivier, de diplo-
matie aux conférences de M. le duc de Grammont, de
haute politique dans le cabinet de M. Emile de Girardin, de courage au Palais-Royal, chez le prince *Craim-
plomb,* de républicanisme aux dîners de Saint-Cloud, de
langage parlementaire dans les coulisses des théâtres,
et appartenait à cette génération d'intrigants, d'ambitieux, de viveurs sans principes, sans conviction,
que l'empire a fait éclore dans la serre chaude du despotisme.

Faire beaucoup de bruit pour rien et occuper de sa
personne, à propos de tout, la presse et le pays ; n'aimer que lui, ne penser qu'à lui et se créer pourtant
un grand nombre de partisans dévoués, en promettant beaucoup pour ne tenir, quand il le pouvait, — ce
qui arrivait rarement, — qu'à ceux dont il croyait
avoir besoin, ou en attachant à sa fortune les gens qui
avaient foi en son crédit et à ses espérances ; injurier,
dénoncer, calomnier ceux qui lui faisaient obstacle ou
qui ne le suivaient pas dans ses palinodies ; flatter et
servir les puissants debout et insulter aux vaincus ; nier
effrontément ce qu'il avait dit la veille, et se contre-
dire d'un jour à l'autre en tout et pour tout ; avoir un
pied dans l'opposition, l'autre au gouvernement pour

rester populaire tout en obtenant les faveurs de l'autorité ; tout oser enfin pour réussir : voilà les moyens
par lesquels M. Guyot, qui avait pris pour devise en
se donnant le nom de Montpayroux : *vouloir c'est pouvoir*, entendait conquérir les honneurs, la position, la
fortune que lui faisaient rêver son immense vanité et
son incommensurable ambition.

Après sa victoire, il reçut pendant son voyage triom-
phal dans les cantons de sa circonscription électorale,
des ovations comme les populations en font aux sau-
veurs ou aux oppresseurs de la patrie. C'est sous des
arcs de triomphe en feuillages, décorés de draperies
tricolores, qu'il parcourait les rues des villes ou vil-
lages, escorté par les foules, recevant des bouquets de
fleurs des jeunes filles qu'il embrassait quand elles
étaient jolies, faisant partout des *spéacles* analogues
à la circonstance, et promettant à ceux qui lui offraient
des banquets, de faire tomber des cailles toutes rôties
dans leur assiette au beurre.

Ces jours de gloire ne devaient pas avoir de lendemain.

En entrant au Palais-Bourbon, Guyot s'assit sur les
bancs de la gauche. Il attaqua avec sa verve gasconne
les candidatures officielles, en demandant l'annulation
de l'élection du bonapartiste Dumiral, pour lequel les
électeurs de certaines communes avaient déposé leurs
bulletins dans une soupière qui est devenue légen-
daire. Mais lorsque le cabinet Ollivier, qui devait,
d'après les jeunes napoléoniens, inaugurer l'ère de la
liberté, remplaça le ministère qui avait pour chef
Rouher, dont le candidat de la démocratie libérale
n'avait pu, a-t-on dit à cette époque, épouser une des

filles, il écrivit, dans son *Indépendant de Brioude* :
« Nous ne combattrons pas le nouveau cabinet avec
la même énergie, que nous avons combattu M. Rouher
et ses tristes amis. Nous resterons néanmoins dans
l'opposition ; mais au lieu d'y garder l'attitude que
l'on doit avoir avec des hommes que l'on méprise, que
l'on déteste, j'y prendrai la situation que l'on doit
prendre avec des hommes que l'on estime, que l'on
aime. » C'était faire comprendre plus qu'à demi mot
qu'il ferait partie de l'opposition pour la forme. Il se
sépara bientôt en effet, par ses votes, ses actes, des
députés de la gauche, qui l'exclurent alors de leurs
réunions.

Le député de Brioude s'était joint aux députés de
l'opposition pour demander qu'une constituante pût
seule modifier la constitution. Mais ensuite il ne signa
point leur manifeste anti-plébiscitaire, ni celui des
treize dissidents du groupe Grévy, ayant dit : « nous
ne transigerons jamais avec le pouvoir personnel, et
nous répudierons tous les compromis ; » il s'abstint
dans le vote émis à la suite des interpellations de
Jules Favre sur la politique extérieure et dans celui
où la gauche vota contre le plébiscite. Enfin il poussa
à la guerre par un discours belliqueux et vota tous les
crédits réclamés par le gouvernement.

Au moment même où il faisait sous le ministère
Rouher de l'opposition dynastique, il allait au Palais
Royal déjeûner chez le prince Jérôme et dîner chez
l'empereur, à Saint-Cloud, où il portait ses culottes
de cour, comme un ancien disciple de Proudhon, un
des anciens cinq du corps législatif et l'ami intime
d'Emile Ollivier, Darimon, qui n'a jamais pu se dépé-

trer des siennes. Lui seul était étonné d'être lâché, répudié, par le plus grand nombre de ceux qui l'avaient vivement soutenu et fait triompher. Ce furent ces culottes qui n'allèrent pas au docteur Noir. Celui-ci cessa alors d'être un partisan aussi fougueux de son ami Guyot-Montpayroux qu'il l'avait été si longtemps; et que le furent sous la République sans républicains, le docteur Vidal, de Paulhaguet, avec lequel il devint un intransigeant à poils en 1885, et les Déjax la *Manicle,* Vidal cadet, qui se jetèrent dans la réaction, lorsqu'ils ne purent plus rien faire pour leur chef de file.

Les rédacteurs de l'*Avenir* et les marchands de dentelles du Puy déclarèrent qu'ils repoussaient toute solidarité avec lui dans la ligne politique qu'il avait adoptée à l'occasion du plébiscite. Cette ligne était loin d'être une ligne droite.

Après avoir donné une nouvelle constitution, qui ne différait de l'ancienne que par quelques modifications peu importantes mais consacrait de nouveau le pouvoir personnel, l'empereur voulut la faire sanctionner par un de ces plébiscites au moyen desquels le peuple souverain s'enchaînait de ses propres mains.

Louis Blanc, à l'étranger, et un assez grand nombre de républicains en France avaient conseillé l'abstention : « Le plébiscite, écrivait Louis Blanc, est l'hypocrisie du césarisme. C'est un procédé inventé pour rendre complice apparent de l'asservissement le peuple lui-même. A qui l'interroge sans avoir le droit de l'interroger, le peuple souverain ne doit que le refus de répondre. L'abstention signifie pour tous : le plébiscite n'existe point. » D'autres fractions du parti républicain voulaient qu'on votât *non*.

Guyot-Montpayroux trouva à lui tout seul un procédé pour contenter tout le monde : « Vous êtes appelés, mes chers concitoyens, à répondre par *oui* ou par *non*, à une formule embrassant une série de questions très confuses et très complexes. Répondre *oui* et répondre *non* serait donc également illogique. Dans les circonstances présentes, il faut laisser le *oui* aux dévouements aveugles, il faut laisser le *non* aux haines passionnées. Je ne voterai donc ni oui ni non. Je m'abstiendrai. C'est ce qu'il y aurait de plus sage ; mais l'abstention a des inconvénients graves. Ses causes peuvent être de diverses natures. J'engage donc ceux qui pensent comme moi à ne voter ni oui ni non : à s'abstenir ; et pour que leur abstention ne prête à aucune équivoque, ne les fasse pas prendre pour des ennemis de l'empire, je les engage à apposer leur signature au bas du programme précis que j'ai l'honneur de soumettre à leur approbation. »

Le résultat du scrutin donna, dans la Haute-Loire : 49,981 oui, 8,721 non ; bulletins inconstitutionnels : 470 ; abstentions *équivoques :* 24,904. Signatures sur la pétition Guyot-Montpayroux : zéro. Le plébiscite fut voté dans la France entière par 7,336,000 voix contre 1,300,000. Depuis 1852, l'opposition avait gagné 300,000 voix. Paris avait donné 175,000 voix contre 145,000, et cela malgré la pression, l'intimidation exercée par les fonctionnaires de tous ordres, l'ignorance de ceux qui croyaient voter pour la liberté, la peur de l'anarchie provoquée par le complot policier des bombes.

M. Guyot n'en fit pas moins annoncer dans ses journaux qu'il allait déposer sur le bureau du corps législatif une pétition recouverte de 22,000 signatures demandant les réformes promises par l'empereur. Après avoir dit que le nombre des abstentions de sa circonscription avait dépassé toutes ses espérances, il traita de haut en bas ceux de ses amis du Puy *qui l'avaient naguère calomnié, parce qu'avec Louis Blanc et tant d'autres il avait pensé, écrit que l'abstention était le meilleur moyen à employer à propos de plébiscite.* Toutefois ce fut son discours sur la guerre qui le dépopularisa complètement, et le fit échouer d'une manière si piteuse aux élections pour l'assemblée nationale.

On sait comment fut engagée, déclarée cette guerre terrible que déchaîna sur la France le César de Décembre, entraîné par les excitations de l'impératrice, qui voulait donner à son césarion une auréole de gloire, comme aussi par le désir de consolider son trône et sa dynastie, en détournant la tempête qu'il voyait gronder à l'horizon, par une campagne, dont il croyait revenir vainqueur. Ayant cru à la parole de son ministre de la guerre, Lebœuf, le plus incapable des généraux de l'empire, — parmi lesquels se trouvaient tant d'incapables ou de traîtres, comme les courtisans Frossard, de Failly, le héros de Mentana, Bazaine, le condottière du Mexique, — lui assurant qu'il ne manquait rien à nos soldats pour marcher sur le Rhin, pas même un *bouton de guêtre,* alors que tous les arsenaux étaient dégarnis d'armes, de munitions, d'équipement, Napoléon le petit rompit brusquement la paix avec la Prusse à l'occasion de la candidature d'un prince allemand au trône d'Espagne, et prit l'offensive. Bismarck, qui depuis de longues années préparait l'invasion de la France, venait d'apprendre par le plébiscite, où l'armée avait été appelée à voter, le nombre exact des hommes que l'empire pouvait mettre en ligne. Il savait par ses espions, que nos troupes étaient aussi inférieures à celles qui allaient nous combattre, par l'équipement, par l'artillerie, par les chefs, que par le nombre.

Il put ainsi, en se laissant attaquer, donner à croire à l'Allemagne tout entière soulevée contre la France, et au monde civilisé se rappelant les victoires et conquêtes du premier Napoléon, que la responsabilité du conflit sanglant qui pouvait embraser toute l'Europe devait retomber sur le peuple français, acclamant son empereur qui voulait lui rendre ses frontières du Rhin.

La déclaration de guerre, alors même que personne ne prévoyait, ne pouvait prévoir les ruines, les hontes, les désastres qui devaient en être la conséquence, fit naître dans les villes comme dans les campagnes, une émotion, une agitation faites de stupeur et de colère. La partie éclairée de la nation entrevoyait que la guerre serait fatale à la liberté ou à l'indépendance de la France. Les masses comprenaient qu'elles allaient fournir de la chair à canon aux tueries des deux monarques, aussi disposés l'un que l'autre, pour satisfaire leur ambition, leurs intérêts dynastiques, à faire verser à flots le sang de leurs sujets, à écraser le peuple d'impôts.

De tous côtés s'élevèrent d'énergiques protestations, que la police essaya d'étouffer par les cris : à Berlin ! et par les chants de la *Marseillaise,* naguère proscrits, ordonnés maintenant pour exciter l'enthousiasme patriotique.

Les députés de l'opposition se firent l'organe du mécontentement général. L'empereur ayant, par sa constitution, le droit de paix et de guerre, ils n'avaient qu'un droit, celui de refuser les subsides qui leur étaient demandés pour faire la guerre. Cette guerre n'ayant pas encore éclaté, ils pouvaient par ce moyen, la rendre impossible. Un petit nombre de députés de l'extrême-gauche seulement refusèrent d'accorder les crédits que demandait le gouvernement. Les autres se crurent obligés, en présence du fait accompli, de les voter, tout en manifestant d'une manière énergique leur réprobation de la guerre entreprise.

MM. Thiers et Jules Favre entr'autres reprochèrent avec autant de talent que d'énergie au gouvernement, d'avoir sans motifs suffisants jeté la France dans une aventure ténébreuse, pleine de périls.

M. Léonce Guyot-Montpayroux crut devoir monter à la tribune, et s'exprima en ces termes :

M. GUYOT. Ce n'est assurément ni l'heure ni le jour des discours.

INTERRUPTIONS. Eh bien ! alors ?

M. GUYOT. Alors, si je suis monté à cette tribune, c'est parce que, dans cette circonstance, ne me trouvant pas d'accord avec la presque unanimité des honorables collègues à côté desquels j'ai l'honneur de siéger, je demande à la Chambre la permission de motiver mon vote.

Je pense que la paix que nous pourrions signer, à supposer qu'elle pût être signée, serait une paix boîteuse, mal assise et qui ne pourrait tenir. Voilà pourquoi je suis exceptionnellement partisan de la guerre. (Applaudissements à droite et au centre. — Murmures à gauche).

Je pense que la Prusse a oublié ce que c'est que la France d'Iéna et qu'il faut le lui rappeler. (Vive approbation sur un grand nombre de bancs. — Rires ironiques à gauche.)

Je pense qu'il est temps que la patrie de la Révolution et des temps modernes fasse sentir sa suprématie sur la Prusse, dernier rempart du moyen-âge et de la féodalité.

Dans les circonstances présentes, il me paraît que toutes discussions intestines doivent s'effacer, et que nous devons tous nous grouper autour du drapeau national. (Très bien!) On peut trouver cela chauvin, on peut trouver cela sot : peu importe! J'ai l'habitude de dire toujours mon sentiment tout entier, et le reste me préoccupe peu.

A Gauche. Ah! ah!

Dans la séance où M. Thiers, appuyé par toute la gauche, lutta avec tant de vigueur, de patriotisme, contre le gouvernement et la majorité, pour obtenir les dépêches par lesquelles Louis-Napoléon prétendait justifier sa déclaration de guerre, M. Guyot-Montpayroux fut le seul dans l'assemblée qui donna une approbation sans réserve au garde des sceaux, dont les paroles avaient soulevé l'indignation générale. Voici le compte-rendu de cette partie de la séance :

M. Émile Ollivier. Dès ce jour commence pour les ministres, mes collègues, et pour moi, une grande responsabilité! (Oui, à gauche.) Nous l'acceptons le cœur léger. (Vives protestations.)

M. Boduin. Dites : attristé.

M. Esquiros. Vous avez le cœur léger, et le sang des nations va couler.

M. le Garde des Sceaux. Oui, d'un cœur léger,

et n'invoquez pas cette parole ; je veux dire d'un cœur
confiant, parce que la guerre que nous faisons nous
la subissons.

M. Emmanuel ARAGO. Vous la faites. (Exclama-
tions diverses.)

M. DESSEAUX. Vous l'avez provoquée.

M. GUYOT-MONTPAYROUX. Oui ! Monsieur le ministre, vous avez raison, vous la subissez.

Après la proclamation de la République, on le
verra, le belliqueux Montpayroux d'alors eut l'audace
de déclarer dans son journal, dans les réunions, dans
ses manifestes, qu'il n'avait pas voté la guerre.

Les hostilités commencées, tous les partis n'eurent
plus qu'une préoccupation, la défense de la patrie.
C'était sans enthousiasme, mais sans résistance aussi,
sans défaillance, que partout se préparaient à partir
pour aller sous les drapeaux, les conscrits appelés par
le sort, par des mesures exceptionnelles, à grossir les
troupes déjà aux prises avec l'armée allemande, qui
s'était répandue, au premier coup de canon tiré à la
frontière, sur notre malheureuse France, et que rien ne
devait arrêter. Ce n'était pas les nouvelles arrivant
du théâtre de la guerre qui pouvaient relever les courages. Chaque dépêche, tout en annonçant quelques
faits d'armes glorieux pour nos armées, apprenait que
l'ennemi, gagnant chaque jour du terrain, s'étendait
sur nos départements de l'est que nos armées, dis-
séminées, mal armées, mal commandées, ne pouvaient, malgré l'héroïsme des combattants et quelques victoires partielles chèrement achetées, mettre à
l'abri de l'invasion.

La presse officielle, qui remerciait l'empereur d'avoir

pris le commandement en chef de l'armée qu'il devait conduire à la victoire, célébrait les prouesses du petit prince qui, sur un champ de bataille où son papa l'avait conduit pour qu'il reçût le baptême du feu, ramassait des balles pour en jouer en guise de billes, mais on voyait se resserrer de plus en plus le cercle de fer et de feu qui allait amener sous les murs de Sedan, avec son armée de cent mille hommes, l'empereur, qui s'imaginant lui aussi rentrer triomphant à l'Elysée, avait emmené avec son héritier, ses gardes, toute sa maison militaire, tout son attirail de cour, depuis ses chambellans jusqu'à ses cuisiniers. C'était vers Paris que l'on tournait maintenant les yeux, sans se douter encore que Paris, abandonné à lui-même par la lâcheté, l'impéritie du dernier des Napoléon, allait être séparée de la France ainsi décapitée.

Dans nos contrées, étant loin du théâtre de la guerre, on espérait toujours et l'on regardait passer les bataillons qui, de l'Algérie, du midi, étaient dirigés en chemin de fer, sur l'Alsace, la Lorraine, la Champagne. Sur leur passage, les brivadois allaient à la gare leur porter des vivres, des rafraîchissements, fraterniser avec eux, en leur disant « au revoir! » alors qu'un si grand nombre d'entre eux ne devaient plus revenir.

Des quêtes furent faites, des souscriptions ouvertes, pour secours aux blessés dont toutes les communes de l'arrondissement réclamaient leur contingent. Les enrôlements volontaires n'étaient pas nombreux. Malgré les désastres d'une campagne où nos troupes avaient toujours à lutter contre des ennemis deux ou trois fois plus nombreux qu'elles, où nos généraux se laissaient surprendre par les envahisseurs, couraient après leurs troupes égarées, entre les corps d'armées allemands, malgré la désorganisation qui était si grande, que l'on peut dire avec Guyot-Montpayroux, le seul mot de lui qui mérite d'être conservé : « nos soldats étaient des lions commandés par des ânes », on attendait dans l'anxiété, un retour de fortune, on espérait.

La reddition de Sedan par le chef de l'empire, de l'armée, qui, ayant autour de lui cent mille hommes, avait, la cigarette aux lèvres, rendu son épée à Guillaume de Prusse, souleva la France entière contre cette race maudite qui, pour la troisième fois, avait livré la patrie à l'invasion étrangère, et dont le dernier avait vu s'écrouler dans la boue, cet empire qu'il avait fondé dans le sang.

Le crime avait le châtiment qu'il méritait ; mais ce châtiment, c'était le peuple de Paris qui devait l'infliger d'une manière digne de la grande cité révolutionnaire.

CHAPITRE XII

DERNIERS JOURS D'UN EMPIRE
ET D'UNE MUNICIPALITÉ

Pendant les mois qui précédèrent ce dernier acte du drame impérial, on eut à s'occuper à Brioude, comme partout, malgré la gravité des circonstances, des affaires qui intéressaient la commune, à prendre part aux élections auxquelles les habitants furent convoqués. Son député, bien que jeune et vigoureux, n'était pas de ceux qui se jettent dans les feux de file, autrement dit dans les aventures belliqueuses. A cette époque d'ailleurs, il pouvait se plaindre de sa grandeur qui l'attachait à son banc de député. Et il profitait de sa position pour donner satisfaction à ses amitiés comme à ses haines.

Avant l'avènement de l'empire libéral, il tirait à boulets rouges sur le vice-empereur de Rouher, sa bête noire, tout en flagornant l'empereur. Emile Ollivier étant devenu chef de cabinet, il tira, étant alors bien en cour et bien en ministère, des lettres de change électorales, pour payer par des places les services rendus. Des innombrables promesses de tous genres qu'il avait faites à ses partisans, à ses courtiers électoraux,

M. Guyot-Montpayroux ne se rappela guère plus que celles qu'il lui importait de tenir pour se ménager le dévouement, le concours des quémandeurs qui pouvaient lui être utiles. Il fit cependant envoyer comme imprimeur du gouvernement, à la Nouvelle-Calédonie, avec de bons appointements, mais plutôt encore pour s'en débarrasser que pour lui être agréable, son ancien homme de paille, Jean Gauthier, devenu très exigeant. Ce fut lui aussi qui, après avoir fait révoquer MM. Demonts, préfet du Puy, et Baudelocque, sous-préfet de Brioude, qui avaient soutenu la candidature officielle de M. de Romeuf, fit nommer à la préfecture de la Haute-Loire, M. de Saint-Poncy, un orléaniste passé au bonapartisme, qu'il présenta à ses électeurs comme un libéral de sa nuance. Il avait un double intérêt à cette nomination. Il se donnait un préfet selon son cœur, tout disposé à mettre au service de son protecteur, son titre, ses pouvoirs de premier fonctionnaire du département; il trouvait en outre l'occasion d'occuper un siège au conseil général, en prenant la place de M. de Saint-Poncy, conseiller général du canton de Blesle.

Craignant que l'ancien représentant du peuple, dont la popularité lui paraissait toujours grande dans ce canton, ne se présentât ou ne combattit sa candidature, notre député au corps législatif crut habile d'adresser au docteur Francisque Maigne, une lettre dans laquelle il disait qu'il solliciterait les suffrages des électeurs de Blesle, si celui-ci ne voulait pas se faire ou se laisser porter. Notre ancien collègue n'ayant pas de compte à rendre à M. Guyot-Montpayroux, avec qui il n'avait eu aucune espèce de relation, ne prit pas la peine de lui répondre, et d'après les conseils de ses amis politiques de la Haute-Loire, il posa sa candidature, qui fut chaudement appuyée par le vaillant journal, *l'Avenir,* fondé par les républicains de la Haute-Loire, aux jours où Paris voyait chaque jour éclore des journaux anti-bonapartistes.

Les actionnaires ou fondateurs de ce journal étaient les citoyens Andrieux, propriétaire, Auboyer, Bachelard, Bergier, Hippolyte Blanc, Chovelon, ancien représentant, Dance, médecin à St-Pal-en-Chalencon, Dance, médecin à Craponne, Eynac, Eyraud-Régnier, Polydor Fabre, Claude Fraisse, Faucon, Gallice, Auguste Jouve, Francisque Maigne, ancien représentant, Emile Mauras, Marcel, négociant, Nicolas, pharmacien, Peyrachon, Poyet, Victor Robert, Jacob-Schwab, Soulier, médecin, Teyssonneyre-Paulet, Théodore Varenne, Privat, Vignal, Vissaguet. Ils avaient, on le sait, rompu, à l'occasion du plébiscite, avec celui qu'ils avaient tant contribué à faire triompher dans les élections au corps législatif, en 1869.

Le napoléonien ministériel, qui continuait à s'appeler le chef de la démocratie dans la Haute-Loire, attaqua le candidat indépendant et le journal démocrate, avec autant de violence qu'il avait attaqué le candidat officiel et le journal de la préfecture.

« Quand *l'Avenir* et M. Maigne, écrivait-il dans *l'Indépendant,* auront fait pour la liberté et la démocratie la cinquième partie de ce que j'ai fait moi-même, nous reprendrons la discussion : tous les électeurs diront qui mérite le plus de confiance politique, de moi, qui depuis plusieurs années défend à la tribune du corps législatif ou dans la presse, les libertés politiques et les droits du peuple, ou de vous, M. Maigne, qui vous abstenez de toute vie active, n'entrez dans la lice que pour frapper par derrière un des soldats les plus ardents de la démocratie. Si un conflit s'engage, il est dû uniquement à ceux qui ont menti à leurs engagements. Après avoir déclaré que vous ne vouliez pas être candidat, vous espériez me frapper dans l'ombre. »

L'ancien représentant du peuple n'avait pris aucun engagement, bien entendu, avec M. Léonce Guyot, dont lui et les vieux républicains connaissaient les tristes antécédents politiques. Il répondit :

« Je donne à M. Guyot-Montpayroux le démenti le plus formel. Je repousse de toutes mes forces ses affirmations insolentes et mensongères, lui en laissant tout l'odieux.

» Blesle, août 1869. »

Le sire de Montpayroux ayant persisté dans ses allégations mensongères, Francisque Maigne lui envoya, pour lui demander une rétractation ou une réparation par les armes, deux témoins, qui étaient MM. Beraud aîné, républicain d'avant 1848, et Pichat, un savoyard récemment annexé à la France, qui était devenu chef de gare à Lempdes à cause de ses opinions bonapartistes, mais comme les rats qui abandonnent une maison menaçant ruine, avait commencé à faire sa conversion à gauche.

C'est alors que notre pourfendeur de ceux qu'il a si souvent appelés les ultras de droite et de gauche, fit son plus bel exploit. Le voici :

« Monsieur Maigne,

» Lorsque vous m'avez envoyé, ce matin, MM. Beraud et Pichat, pour me demander des explications relatives à un article paru dans *l'Indépendant,* j'ai bien voulu consentir à mettre deux de mes amis en rapport avec les vôtres. Je pensais en effet qu'il résulterait de ces explications de votre part que vous aviez été mal conseillé, en posant sans bruit votre candidature au conseil général à Blesle, pendant que vous affirmiez publiquement dans votre journal *l'Avenir de la Haute-Loire,* que vous ne vous présentiez pas ; et je daignais ainsi me prêter à une dernière tentative de conciliation entre vous, qui aviez commis l'impolitesse étrange de ne pas me répondre lorsque je vous écrivais une lettre entièrement courtoise, et moi, qui m'étais contenté de livrer votre conduite à l'appréciation du suffrage universel.

» Mais j'apprends à l'instant que vous avez l'audace de me demander une rétractation. Une rétractation parce que j'ai simplement, avec une modération excessive, dévoilé votre conduite. Pour le coup, c'est trop fort. Il est temps de rentrer dans les voies judiciaires.

» Je me borne donc, pour conclure et pour en finir avec vous, à vous faire deux déclarations. La première, c'est qu'à partir de ce jour je vous refuse catégoriquement toute espèce d'explication d'aucune sorte ; la seconde, c'est que, dans le cas où vous pousseriez plus loin l'impudence, — l'huissier a écrit *l'imprudence,* — je saurais la réprimer par tous les moyens que la loi et le soin de ma dignité personnelle mettent en mon pouvoir. Ce n'est pas ma faute si, après vingt ans d'hésitation, le peuple s'est enfin décidé à faire justice de vous. Un proverbe dit que l'on a vingt-quatre heures pour maudire ses juges, je vous donne trois jours pour maudire le suffrage universel qui vous a condamné. Tachez ensuite de le respecter.

> » Signé, GUYOT-MONTPAYROUX,
> » *Député au corps législatif.*

> » *L'an mil huit cent soixante-dix et le vingt-un avril, à la requête de M. Léonce Guyot-Montpayroux, député au corps législatif, demeurant à Brioude, pour lequel domicile est élu en sa maison d'habitation, je soussigné, Pougheon, huissier, ai donné et laissé copie du présent, à M. Francisque Maigne, médecin, demeurant à Blesle, trouvé à Brioude, parlant à lui-même.*

> » POUGHEON. »

Les élections avaient eu lieu avant l'envoi des témoins, et elles avaient tourné en faveur du député de Brioude, dont la popularité était encore grande dans les campagnes. Il avait obtenu 796 voix. Le docteur Maigne en avait eu 436. Le nouveau conseiller général de Blesle croyait pouvoir tout se permettre sans vouloir risquer sa précieuse personne. Ce n'est pas la seule affaire d'honneur qu'il ait terminée aussi courageusement.

Du 9 juin au 4 septembre, le conseil municipal ne se réunit plus. La guerre, qui avait commencé dans des conditions aussi déplorables, avait fait oublier tout le reste. Dans le principe, les bonapartistes ne rêvaient que victoires et conquêtes. Ils croyaient nos armées invincibles et Napoléon le petit, de taille à devenir un autre Napoléon le grand. Les plus fanatiques criaient ici comme partout : à Berlin ! à Berlin ! traitant de mauvais citoyens les patriotes clairvoyants qui appelaient alors une folie, cette guerre que la France et l'histoire, par les désastres, les malheurs, les ruines qu'elle a entraînés, ont déjà appelée un crime.

Guyot-Montpayroux ne manqua pas de traiter de *prussiens* à l'intérieur, ceux qui criaient : vive la Paix ! cris auxquels se mêlaient déjà souvent les cris de : vive la République ! et ceux qui ne croyaient pas comme lui que *c'était pour défendre les principes de notre immortelle Révolution, que trois cent mille hommes étaient sur le Rhin pour combattre trois cent mille allemands combattant pour la féodalité militaire, et que la victoire n'était pas douteuse.*

Dans nos pays toutefois, il n'y eut pas comme ailleurs d'arrestations pour ce genre de cri séditieux, — vive la Paix ! — qui, dans la Dordogne, fit brûler tout vif par les badingueuzards un riche, propriétaire accusé pour cela d'être un prussien.

Les élections qui eurent lieu pour le renouvellement des conseils municipaux se firent sous l'impression des évènements. Les anciens conseillers municipaux appartenant à la fraction la plus avancée, celle qui était hostile à l'empire ou à la politique impériale, ne se présentèrent pas. Les électeurs de leur parti ne vinrent pas voter. Cette opposition n'avait formé aucune liste.

Les candidats de la municipalité obtinrent au premier tour de scrutin : MM. Couguet, maire, 548 voix ; Monnier-Boyre, 484 ; Coupe, 457 ; Héraud, 396 ;

Georges Reynaud, 381, Soule (élus). 101 voix s'étaient portées sur des opposants qui ne se présentaient pas, Allemand et Doniol-Coutel entr'autres. Au second tour de scrutin, 18 membres restaient à nommer, à la majorité relative. La liste ne contenait que 17 noms, n'ayant pu être complétée. Furent nommés : MM. Chouvet-Gresse, 262 voix ; Barthomeuf, poëlier, 258 ; Delherme-Grenier, cultivateur, 256 ; Touchebeuf, avocat, 241 ; Quintin-Tourrette, 253 ; Geneste, jardinier, 251 ; Pradier-Faurot, 249 ; Mottet Victor, 248 ; Marchet, avocat, 245, Sicard, charpentier, 241 ; Paul Le Blanc, 231 ; Camille Blanc, 229 ; Facy, cultivateur, 227 ; Védois-Hyvernoux, 199 ; Vacher-Marcon, 193.

La place laissée vide fut remplie au dernier moment par le nom de Tabouret, coiffeur, appelé *Thiers* depuis la mascarade de 1843, pour lequel votèrent 143 opposants, qui avaient égaré 297 voix sur divers candidats. 591 abtentions avaient eu lieu.

Le 4 septembre, le conseil se réunit pour l'installation des nouveaux membres. MM. Gustave Héraud, Touchebeuf, avocat, Amable Marchet, Paul Le Blanc étaient absents. MM. Marchet et Touchebeuf avaient écrit au maire qu'ils ne croyaient pas devoir, dans les circonstances présentes, accepter un mandat qu'ils n'avaient pas sollicité.

M. Camille Blanc sortit de la salle en déclarant qu'il démissionnait, mais pour un autre motif. Le fils de l'ancien bénédictin défroqué déclara qu'il ne voulait pas siéger à côté d'un Tabouret. Celui-ci lui répondit qu'il était prêt à le raser de frais, s'il y tenait.

M. Pradier-Faurot, heureux d'être rentré par l'élection à l'hôtel-de-ville, exposa qu'il était dans l'intention de donner aussi sa démission, vu le petit nombre de suffrages qu'il avait obtenus ; mais qu'en présence du danger de la patrie, il croyait de son devoir de rester à son poste. Il ne lui fut pas donné de s'exposer à attendre la mort sur sa chaise curule, comme un vieux romain.

Le maire fit prêter à chaque conseiller le serment d'obéissance à la constitution, de fidélité à l'empereur, et le conseil fut installé. C'était le jour même où Napoléon III et sa dynastie étaient déclarés déchus du trône, et où la République était proclamée à Paris, qu'à Brioude nos conseillers municipaux prêtaient serment d'obéissance à une constitution mise en lambeaux par le peuple parisien, de fidélité au misérable qui, à Sedan, s'était rendu sans combat, avec son armée, à Guillaume de Prusse, l'envahisseur de la France mise à feu et à sang par l'allemand.

A Brioude, la nouvelle de la Révolution vengeresse n'était pas encore parvenue le lendemain. Si cette séance du 4 septembre avait pu être effacée avec la langue des assermentés, nous ne pourrions pas la reproduire aujourd'hui. Notre dernier conseil municipal de l'empire s'était suicidé. Il ne fut dissous de droit qu'au mois d'octobre, lorsque tous les conseils municipaux le furent ; mais il ne siégea qu'une seule fois pour délibérer sur l'abonnement de la ville avec la régie. Le maire et les adjoints eux-mêmes n'eurent d'autres fonctions à remplir que celle concernant l'état civil.

Le 4 septembre, l'empire et toutes ses institutions, tous ses fonctionnaires, tous ses conseils et assemblées électives avaient cessé d'exister, de droit autant que de fait.

TABLE DES MATIÈRES

IVe PARTIE

Notes ou Additions

(Chapitre Ier)

Nous complétons le récit des journées du Coup d'Etat par ces deux passages, empruntés à Victor Hugo, sur des incidents dont nous avons été le témoin au Palais Bourbon.

2 DÉCEMBRE

« Les représentants présents au palais s'étaient réunis dans la salle des Conférences. Tout à coup, un officier supérieur, un chef de bataillon du 42me de ligne, entra dans la salle ; il venait sommer les représentants de sortir de chez eux. Tous les royalistes comme les républicains se mirent contre lui. Le général Leydet lui adressa de ces paroles qui ne tombèrent pas dans l'oreille mais sur la joue.

— Je fais mon métier ; je remplis ma consigne, balbutiait l'officier.

— Vous êtes un imbécile si vous croyez que vous faites votre métier, lui cria Leydet ; et vous êtes un misérable si vous savez que vous faites un crime. Fâchez-vous si vous l'osez.

L'officier se retira ; mais bientôt l'un des représentants qui était sorti rentra précipitamment et avertit ses collègues que deux compagnies de gendarmerie mobile arrivaient, le fusil au poing.

Que l'attentat soit complet, s'écrie Marc Dufraisse, que le coup d'Etat même nous trouve sur nos sièges ; et les soixante députés, dont plusieurs avaient déjà ceint leur écharpe, se dirigèrent vers la salle des séances. Ils rentrèrent dans la salle avec une sorte de recueillement. Là, M. de Ressegnier, dans une bonne intention d'ailleurs et afin de former un groupe plus compact, insista pour que tous s'installassent du côté droit.

— Non, dit Marc Dufraisse, chacun à son banc.

Ils se dispersèrent dans la salle, chacun à sa place habituelle. M. Monet, qui siégeait sur un des bancs inférieurs du centre-gauche, tenait dans ses mains un exemplaire de la constitution.

Tout à coup des soldats et la gendarmerie mobile, précédés d'un capitaine, le sabre nu, paraissent sur le seuil. Les représentants se levèrent de tous les bancs à la fois, criant : vive la République ! Puis ils se rassirent.

Le représentant Monet resta seul debout, et d'une voix haute et indignée, qui retentissait comme un clairon dans la salle vide, ordonna aux soldats de s'arrêter. Alors le représentant Monet lut les articles 36 et 37 consacrant l'inviolabilité des représentants, l'article 68 destituant le président en cas de trahison. Ce moment fut solennel. Les soldats écoutaient silencieusement.

Les articles lus, le représentant d'Adelsward, qui siégeait au banc inférieur de la gauche, et qui était le plus près des soldats, se tourna vers eux et leur dit :

— Soldats, vous le voyez, le président de la République est un traître et veut faire de vous des traîtres. Vous violez l'enceinte sacrée de la représentation nationale. Au nom de la constitution, au nom des lois, nous vous ordonnons de sortir.

Pendant que d'Adelsward parlait, le chef de bataillon commandant la gendarmerie mobile était entré.

— Messieurs, dit-il, j'ai ordre de vous inviter à vous retirer, et, si vous ne vous retirez pas, de vous expulser.

— L'ordre de nous expulser! s'écria d'Adelsward; et tous les représentants ajoutèrent : « L'ordre de qui ? Voyons l'ordre! Qui a signé l'ordre ? »

Le commandant tira un papier et le déplia. A peine l'eut-il qu'il fit un mouvement pour le remettre dans sa poche; mais le général Leydet s'était approché de lui et lui avait saisi le bras. Plusieurs représentants se penchèrent et on lut l'ordre d'expulsion de l'Assemblée signé Fortoul, ministre de la marine.

Marc Dufraisse se tourna vers les gendarmes mobiles et leur cria : « Soldats! votre seule présence ici est une forfaiture. Sortez! »

Les soldats semblaient indécis. Mais tout à coup, une seconde colonne débouche par la porte de droite, et, sur un geste du commandant, le capitaine cria : « En avant! F..... les tous dehors! »

Alors commença on ne sait quelle lutte corps à corps entre les gendarmes et les législateurs. Les soldats, le fusil au poing, rentrèrent dans les bancs. Repellin, Chanay, Rantian furent violemment arrachés de leurs sièges.

Deux gendarmes se ruèrent sur Marc Dufraisse, deux sur Gambon. Ils se débattirent longtemps au premier banc de la droite, à la même place où avaient coutume de siéger MM. Odillon Barrot et Abattucci.

Paulin Durieu résista à la violence par la force ; il fallut trois hommes pour le détacher de son banc. Monet fut renversé sur la banquette des commissaires. Ils saisirent d'Adelsward à la gorge et le jetèrent hors de la salle. Richardet, infirme, fut culbuté et brutalisé. Quelques-uns furent touchés par la pointe des baïonnettes ; presque tous eurent leurs vêtements déchirés.

Le commandant criait aux soldats : « Faites le rateau ! »

Ce fut ainsi que soixante représentants du peuple furent pris au collet par le coup d'Etat et chassés de leurs sièges. La voie de fait compléta la trahison. L'acte matériel fut digne de l'acte moral. »

Si au lieu de soixante représentants disséminés dans une vaste salle, sans public, il y en avait eu en séance trois à quatre cents présidés par le président de l'assemblée, siégeant sur son fauteuil, entouré de son bureau, les tribunes étant pleines, la troupe certainement aurait été démoralisée et désarmée. Le coup d'Etat pouvait être étouffé dans l'enceinte du palais législatif. Malheureusement, la colonne des cent cinquante représentants, ayant à sa tête une partie du bureau de la Législative, ne put pénétrer dans le Palais Bourbon et fut se faire arrêter dans la mairie du VI⁽ᵐᵉ⁾ arrondissement.

3 DÉCEMBRE

FAUBOURG SAINT-ANTOINE

L'instant fixé la veille (le 2) pour le rendez-vous général était de neuf à dix heures du matin. Cette heure avait été choisie afin qu'on eût le temps d'avertir tous les membres de la gauche. Il convenait d'attendre que les représentants arrivassent, afin que le groupe ressemblât davantage à une assemblée et que ses manifestations eussent plus d'autorité sur le faubourg.

— Ne devançons pas l'heure, disait Baudin, laissons à nos collègues le temps d'arriver. Mais on murmurait autour de lui : non ! commençons, donnons le signal, le faubourg n'attend que nous et nos écharpes pour se soulever.

La suite a prouvé que cette hâte ne pouvait produire qu'un avortement.

Victor HUGO.

Schœlcher a écrit aussi : « Il y eut malentendu sur le moment fixé. Quelques-uns se trompèrent et crurent que c'était neuf heures. Les premiers arrivés attendirent avec impatience leurs collègues. Ils étaient 12 ou 15, à huit heures et demie. Le temps se perd, s'écria l'un d'eux à peine entré ; mettons nos écharpes, montrons les représentants à la population, élevons avec elle des barricades. Tous furent immédiatement du même avis ; un seul, le citoyen Baudin, reproduisit la terrible objection : nous ne sommes pas en nombre pour adopter une semblable résolution. Mais il se rallia d'entrain au système général et, la conscience tranquille, après avoir réservé le principe, et ne fut pas le dernier à ceindre son écharpe. »

Cette fois encore, le petit nombre de représentants qui furent à la barricade eut une influence fatale sur le sort de la manifestation qui aurait eu sur la population comme sur les soldats un résultat bien différent. si la plus grande partie de la gauche avait pu y prendre part.

A neuf heures, beaucoup de représentants et de républicains, comme Victor Hugo, Breymand, Chouvy, Millière, Charamaule, Aubry (du Nord), Bourzat, et moi, nous étions dans le Faubourg Saint-Antoine, allant à la salle Roysin, lieu de la réunion, lorsque Baudin venait d'être tué sur la barricade, derrière laquelle étaient seulement sept de nos collègues.

Baudin avait-il eu de ces pressentiments étranges, qui souvent se réalisent ? C'est probable ; car la veille au soir au repas frugal que nous fîmes avec lui et Racouchot, celui-ci ayant dit : « Nous dinons ici aujourd'hui, qui sait où nous souperons demain ? » — Peut-être chez Pluton. S'il le faut, pour sauver la République, nous nous ferons tuer sur les barricades.

<hr>

Les noms des membres de la *Société des droits de l'homme et du citoyen* ont été publiés dans le second volume de cet ouvrage. Voici la liste des citoyens qui ont déclaré ne savoir signer le manifeste des droits de l'homme, mais qui y ont donné leur adhésion. .

Boyer François, cultivateur. — Chalchat Charles fils. — Charles Imbert, cordonnier. — Dubois Jean, cultivateur. — Fontès Pierre, vigneron. — Laurençon Michel, cultivateur. — Latulippe, dit *Bageasse,* cultivateur. — Labrot, maçon. — Pinaud Jean, cultivateur. — Testard Claude, maçon. — Auvernat Jean, cultivateur. — Chadelas Jacques, cultivateur. — Esparon Pierre. — Pierre Gardel, vigneron. — Gaillard Antoine, cultivateur. — Ronzier Vidal, sabotier. — Lomenède Jean. — Nicolas Mathieu, vigneron. — Pinaud Antoine, vigneron. — Clapasson François. — Gardel Etienne. — Pierre Roche, perruquier. — Fontès Charles aîné, cultivateur. — Mazet, jardinier. — Deshors père, facteur. — Mazin Robert, cultivateur. — Josency Claude, vigneron. — Dufour Antoine, cultivateur. — Mouttet François, cultivateur. — Durif Jean, cultivateur. — Peghaire Jean, cultivateur. — Bonnafoux père, *Lèche,* cultivateur. — Mosnier Vital, cultivateur. — Crépin Joseph, tisserand. — Tourrette Jacques, cultivateur. — Chantel Antoine, cultivateur. — Hermet Louis, vigneron. — Binet-Massebeuf, cultivateur. — Mordedeuf-Nicolas, cultivateur. — Fontès jeune, cultivateur. — Pécoil cadet, cultivateur. — Bénézit Gilbert père, cultivateur. — Francolon Vital. — Gardel Claude, cultivateur. — Julien Vincent, vitrier. — Roche Antoine. — Servant Pierre. — Vignon, *parcheige.* — Vernière Gabriel. — Albaret Jean. — Tourrette Jean, *Chabre.* — Berrier Benoît. — Lomenède Pierre. — Vernière Jean. — Saphin Amable. — Sabatier Sébastien. — Dubois Antoine jeune. — Auvernat Julien. — Latulippe Vital.

ERRATA

Dans la première liste, au lieu des *frères Langlade*
il faut lire, les *frères Fontés dits Langlade*.

(CHAPITRE IV) titre

Il faut lire *Laubardemonts* au lieu de *Lombarde-
monts*.

NOTA BENE

Ces *Mémoires* ne devant pas avoir une seconde édi-
tion, les personnes qui y sont désignées sont invitées
à adresser les rectifications qu'elles jugeraient devoir
faire, à leur auteur, qui pourra en tenir compte dans
les derniers volumes, s'il les croit fondées.

Il y aura sans doute quelques erreurs de date à relever, n'ayant pas eu toujours sous les yeux les origi-
naux des pièces dont nous reproduisons des copies ou
des extraits. Il sera facile de les reconnaître.

Brioude. — Imp. et Lib. CHOUVET, boul^t Desaix, 29.

OUVRAGES DU MÊME AUTEUR

EN VENTE

A LA LIBRAIRIE CHOUVET

Les Proscrits en Belgique, 2 vol.
Impressions d'Exil a Genève,
Histoire de l'Ancien Régime,
Notices Historiques sur la ville de Brioude. 3.—

Brochures publiées sans le nom de l'auteur

Physiologie de la Bergère.
Physiologie de la Béate.
Réponse d'un vieux Démocrate républicain à un jeune
Démocrate napoléonien.
Les Tablettes du sire de Montpayroux.
Guerre pour guerre.